旧約聖書の人物
―「韓国」という時空間で読む―

崔亨黙 著
金忠一 訳

日本語版刊行に寄せて

日本に度々往来するうちに、日本のキリスト者たちと会う機会がよくあるのですが、今年の初め頃、ある講演においてある方が、「日本の教会の美徳は何であると思うか」という質問を頂きました。無論、この問いは、韓国の教会の経験に照らして、日本の教会の方向を考える講演に繋がるものでした。そのときの講演の要旨は、大型化を追求している韓国の教会を羨望することは決して望ましいものではなく、日本の教会の特性を生かして、その方向を探し求めるべきであるというものでした。その講演の延長線上において、わたしはその問いについて、小規模の日本の教会が持っている長所を強調しました。規模が小さいということは、直接に人格的な交わりが可能であることを意味し、その人格的な交わりのなかで、省察的な信仰が可能であることを意味するからです。

省察的な信仰とは、わたしが本書において基盤としている強調点でもあります。敢えて信仰といわなくてもよいと思います。人生を生きて行くなかで絶えず要求される、自己省察的な態度であるといってもよいでしょう。ある大勢に従って行くなかで、自らを見失ってしまう生き方ではなく、間断なく自らを顧みつつ生きる生き方のことです。わたしは聖書の人物たちを通じて、読者が自らの生き方を省察しうることを願う気持ちで本書を書きました。

聖書には、多くの偉人、指導者が登場します。それで、聖書の人物のことを考えるとき、人々は自分が従わなければならない、ある種の模範解答を期待します。聖書を経典として崇めかつ信じるキリスト者だけがそうなのではありません。宗教的な信念とは関係なく聖書の人物を思い浮かべるとき、よく人々はそのような期待をしがちです。

本書はそのような期待感からは逸脱しています。聖書に登場している数多くの人物たちは、それぞれ個性が異なっており、その役割も異なっています。それでわたしは本書において、最大限にその異なる特性を典型化しようと試みました。しかし、そのようにして描かれた人物の面影が、そのままわたしたちが従うべき模範解答にはなっていません。実際に人物の面影をよく見ると、わたしたちが単に偉大であるとだけ思っていた人物にも、数多くの弱点と欠陥を持っていたことが明らかになります。その正反対の場合もあります。事によると、聖書の人物たちも、今日のこの時代を生きている、多くの人々と大して違わないということです。本書は、正にその点に注目して、人物たちを扱っています。今日を生きる人間とさして異ならない人々の面影を、もう一度敢えて見ようとすることは、実際、今日を生きている姿を省みようとするものです。しかし、最終的な目標は、今の自分自身を顧みる契機にしようとするものです。結局、わたし自身を顧みる契機として、聖書の人物を考察しようとしているわけです。

本書は、二つの点で新しい冒険的な試みをしました。宗教的な信念を前提とした神学であるというよりも、宗教的な信念を離れても近づきうる、一般的な内容にならなければならないと考えました。また、理論的であるというよりも、日常的な生活を省察することを試み、それを助けることができなければならないと考えました。それゆえに、誰もが生きていくなかで感じる問題意識と眼目で、聖書の人物を見つめ直して、自分の暮らしを顧みることができればと思い、本書の性格をそこに設定しました。一種の人文学的教養書と思って頂ければと思います。

読者が、あまりにも神学的であり、退屈であると感じるとすれば、本書の意図するところは失敗したことになります。しかし、そうだからといって、弁明の余地がないわけではありません。神学的な省察を口でなしている人間が、非神学的でありうるということ自体が、不可能なことではないでしょうか。ましてや聖書を扱っているのですから、したがって、わたしが意図した、神学的であってはならないということは、広く知られている、キリスト教の教理的な前提を避けようとしたことはいうまでもなく、わたしが神学的に重要な問題であると考えられる場合でも、できるだけ、それに対する叙述を抑制したということです。宗教的な問いがなくても、日常の生活を営んでいる人々の問題意識に寄り添おうと試みました。しかし、本書を読んで、宗教の意味、または信仰の意味を改めて考えることができるとすれば、著者としてそれ以上の喜びもありません。ともあれ、与えられたテキストを通じて意味を形成することは、著者だけの役割ではないからです。

本書が日本の読者に出会ったということは、喜びでもありますが、また一方では怖くもあります。初め本書を書くに当たっては予想だにしなかった読者に会えたのですから、喜びであることはいうまでもありません。しかし、同時に、それは怖さにもなります。本書は、聖書の人物が直面した時空間を越えて、可能な限り今日の時代的脈絡において照明すべく努めました。各テーマごとに、その初めにできるだけよく知られている現代の人物、または思い浮かべやすいテーマで接近したのは、そのような意図によるものです。しかし、それは韓国の状況を反映しています。それがまた日本という時空間の脈絡に移されたのですから、どの程度共感が得られるか、恐れるほかありません。本書は、韓国キリスト教の現実において標準化されている解釈を覆すという挑発的な性格を持つものでありますが、日本の状況においても、果たしてそのように受け容れられるかは疑問です。

著者として、わたしのこのような恐れにもかかわらず、かんよう出版において本書の出版がなされるということは、おそらく今日の時代的脈絡において、聖書の人物を再照明しようとする意図が、ある種の共感を呼び起こしうるものと判断されたからと、深く思いを致すものです。この点において、快く出版を決定されたかんよう出版代表松山献さんと関係者の皆さんには、深く感謝申し上げる次第です。すでにわたしの他の書『権力を志向する韓国のキリスト教 ― 内部からの対案』（新教出版社）を翻訳され紹介して下さった金忠一先生は、わたしのこのような憂慮を看破されたかのように、日本語版の書名を〈旧約聖書の人物 ―「韓国」という時空間で読む ―〉とすることで、今日の韓国という時空間のなかで、聖書の人物たちを再照明しようとした著者の意図を明らかにして下さいました。心血を注いで翻訳して下さったことに、再び敬意を表すると共に感謝するものであります。度々中間にあって、韓日間の重要な架橋の役割を担って下さった、

日本語版刊行に寄せて

日本キリスト教団福知山教会の李相勁《イサンギョン》牧師にも深く感謝申し上げます。

今日の時代的な脈絡において、聖書の人物を再照明し、さらに今日における各自の生き方を省察しうる契機にしようとした本書の意図が、日本の読者の皆さんからも、何らかの共感を得られるとすれば、これに優る喜びはありません。

崔　亨　默

二〇一四年四月二日

偶像を見上げるより、自らを顧みることを

二〇〇二年のサッカーワールドカップを経験した人は、おそらく一生その記憶を忘れることは、できないであろう。ワールドカップ一六強進出に死活をかけていた韓国サッカーは、その期待を遥かに超えて、四強の神話を作り出した。そしてそれに乗じて、単純に一つのスポーツに対する関心であるというには、解明することができないほど、人々は熱狂したのである。それ以後、ワールドカップの熱気は、韓国社会を理解するのに、必須のコードの一つとして認識され、論議の対象となってきた。真摯なる学問の領域ですら、ワールドカップ熱気の文化政治学的意味を問うことが、重要な課題の一つになったほどである。

皆を熱狂させた、その震源地の真ん中に、特別なる指導者ガス・ヒディンク監督がいた。平凡な多くの人たちは、まず、その指導力に感嘆した。ワールドカップの本選競技で、一勝もできなかった韓国サッカーを、一躍世界四強にまで進めた、彼の指導力に感服したのである。よく〈ヒディンクシンドローム〉といわれるほど、人々は彼の特別な指導力に関心を寄せ、もう一度熱狂した。会社ごとに、学校ごとに、人々が集まる所ではどこでも、皆は口を揃えて、「ヒディンクの指導に学べ」と力説した。書物もどっと溢れ出た。

人々がそのように熱狂している間、一つ忘れていたものがあった。そうでなければ、知っていながらも、すぐにその意味を深く考えていないというべきか。まさに、ヒディンク指導力の重要

な原則の一つが、「君たちは強い」ということを、自覚させた点であるということである。人々は、韓国サッカーは、覇気はあるが、ヨーロッパに比べ、技術が劣っていると考えていた。しかし、ヒディンクは、正反対の診断をした。技術の面では、それほど劣ることはないが、自信感がないということである。もちろん、ヒディンクの指導力の成功要因としては、いろいろあるであろう。しかし、興味深くまた重要なことは、人々が偶像のように崇めているヒディンクが、逆に、選手たちに向かって、人々に向かって、自ら自信を持てと力説したことである。それは、ヒディンクだけが提示しうる、ある種の秘訣ではない。実際、それは、何か目標を成就しようとする、全ての人が考えなければならない、第一の原則である。自らを顧みて、自分のなかにある可能性を見出し、信ずることが、全てのことの出発点である。

聖書には、数多くの偉人、指導者が登場する。ヒディンクの指導力に熱狂していたのと同じように、人々は、聖書の人物を考えるときにも、自分が従うべきある種の模範答案を期待する。聖書を経典として崇め、信じているキリスト教信徒だけがそうなのではない。宗教的信念とは関係なく、聖書の人物を思い浮かべるとき、人々は、よくそのような期待をするものである。

本書は、そのような期待感をもって見るならば、失望するかも知れない。聖書に登場する多数の人物たちは、それぞれ個性が異なり、その役割が異なるため、本書では、最大限に、その異なる特性を典型化しようと努めた。しかし、そのようにして描かれた人物の面貌が、われわれがそのまま従うべき模範答案にはならない。実際に、彼らの面貌を深く見ると、われわれが、単に偉大であると思っていた人物たちも、数多くの弱点と欠点を持っていたことが分かる。その正反対の場合もある。ことによると、聖書の人物たちも、今日この時代を生きる人々と、大して変わらないのかも知れないのである。本書は、まさにその点に注目して、人物たちを扱っている。実際、今日を生きている人々と、大きく異なることのない人々の面貌を、敢えて見つめなおそうとするのは、まさに、今日を生きている人々の姿を顧みようとすることでもある。できるだけ、各編の冒頭を、比較的よく知られている人物や、思い浮かべやすい主題として解き明かしていく方法をとったのも、そのためである。しかし、最終的な目標は、今自分自身を顧みる契機を作ることである。結局において、わたしのなかの可能性を点検する契機として、聖書の人物を考察しようとしているである。本書が、その点において、刺激剤の役割をなしうるとすれば、一冊の著作として、成功したことになるであろう。

本書は、大きく四部からなっている。聖書に熟達している人ならば、人物たちを、時代や役割別に区別する方法が、便利であろう。しかし、本書は、大体において、典型的な特性に従って、範疇を四つに分け、そのなかで、時代別の順序に従って構成した。

〈第一部〉は、大体模範的な指標を示している人物で構成した。おそらく、聖書の人物において、ある種の模範答案を期待するとすれば、この部分が、その期待を充足させるのに、最も近いであろう。いうまでもなく、他の人物たちが、全く模範的ではありえないという意味ではない。これに含まれている人物たちは、再解釈の過程において、よく記憶されている通念上のイメージが、大きく毀損されていないという点において、模範的であるだけである。

〈第二部〉は、その生き方やメッセージに対する、通念上のイメージを大きく覆して解釈した人物たちで構成した。崇められすぎたり、正反対に、貶められすぎている人物を、ひっくり返してその裏面を見つめようとした場合である。ダビデとソロモンが前者であるとすれば、ヤロブアムは後者に該当する。

〈第三部〉は、多少矛盾的な人物たちで構成した。自身が立っている場とは、相反するように思われる役割を担った人物や、自分の意思とは関係なく、ある役割を担った人物、または、矛盾するように思われる個性が、複合している人物である。

〈第四部〉は、見ての通り、女性たちで構成した。男女を平等に扱うとすれば、性別で区別する方法は、止揚されるべきであろう。しかし、今日韓国の現実において、女性は少数者の地位にあり、いうまでもなく、聖書の時代は、一層そうであった。そのような不平等な現実において、男女の平等を実現するために、少数者である女性たちのための、〈女性比率割当制〉を適用するように、ここでも、別途に構成して、むしろ顕著にしたと思えばよいであろう。

大体、以上のような原則で、人物たちを分類し構成したが、その区分が絶対的であるのではない。性別に区分した第四部を除いて、多くの人物たちが、こう見るところに、ああ見るとあそこに入りうる素地が十分にある。したがって、厳密にいえば、分類は便宜的な区分にすぎず、一編一編は、それぞれ独立した性格を持っているのである。それゆえに、ときとして、類似の内容が繰り返されるという問題が発生したりもする。しかし、それは、人間の生きている情況自体に、共通するところが多いところから、避けられない現象である。その点を考慮して、順序に関係なく、一編ずつ読んでいくならば、大して退屈しないと思われる。

いい出して見ると、分を超えて越権したようだ。実際、退屈するか否かは、読者が判断することである。著者は、実際その間、〈神学的理論〉に当たる物書きに慣れていた。神学的理論といえば、関心のある人は、極く制限される。まず、キリスト教徒に限定されるであろうし、そのなかで、また少数の関心層に制限される。本書は、二つの点で、新しい冒険を試みたことになる。本書は、宗教的信念を前提にした神学書であるというよりは、宗教的信念を離れても接近しうる、一般的内容にならなければならないと考えた。また、理論的であるよりは、日常的な生活の省察を試み、それを助けることができなければならないと考えた。それゆえに、誰でも、生きていくうちに感じる問題意識と眼目で、聖書の人物たちを顧みつつ、自身の生き方を省みることができるように、本書の性格を設定した。一種の人文的教養書とでもいおうか。

その意図することろが成功したとすれば、誰もが、退屈することなく本書を読むことができるであろう。しかし、失敗したとすれば、何をかいわんや、である。否、読者が、あまりにも神学的な臭がしすぎ、退屈と感じるとすれば、失敗したことになる。もちろん、そうだとしても、弁明の余地がないわけではない。神学的な省察を業とする者が、非神学的であるということ自体が、不可能なことではないか。ましてや、聖書を扱いながら、である。したがって、筆者が意図した、神学的でないのでなければならないということは、広く知られている、キリスト教の教理的前提を避けようとしたことはいうまでもなく、筆者としては、神学的に重要な問題が提起されている場合でも、可能な限り、それについての叙述を抑制しようとしたことをいう。宗教的な問いかけがなくても、日常の生活を営んでいる人々の問題意識に近づこうと試みたことを意味する。しかし、本書を読んで、宗教の意味や信仰の意味を、もう一度考えることができるとすれば、それは、読者に与えられる一つの贈り物になるであろう。いずれにしても、テキストを通じて、意味を与えることとは、全的に著者の役目だけではない。読者は、著者が考えもしなかった、その他の多くの意味を見出すこともできるのである。不十分なる書を、敢えて読者に手渡しながらいう、筆者の弁である。

本書を世に送りつつ、これまでの六年間共にすごした天安サルリム《くらしの》教会の家族の皆さんに感謝するものである。荒唐無稽なものを追い求めず、日常の暮らしに対する真摯な省察から始まる信仰を追求しながら、新しい教会を夢見る天安サルリム教会は、筆者が、このような試みをするようになった基盤である。教友たちが、辛抱しながら筆者の話を聞いてくれ、また一方では刺激を与えてくれたお蔭で、このような作業が可能であった。その点において、本書が最終的には、筆者の手で書かれたことは確かであるが、共に生きる共同体としての天安サルリム教会の臭がたっぷりする書であるといってもよいであろう。

最後に、図書出版ハンウルの金《キム》ジョンス社長と尹《ユン》スンヒョン先生、そして高《ゴ》ヒョンギョン先生と、本を作り上げるのにご苦労なさった皆さんに感謝いたします。教会で、聖書を研究しながら、用意していた、短く、荒削りな草稿を選び出し、また補充して推敲して原稿を完成したが、一時、主《あるじ》に出会えず、陽のめを見ることがなかった。図書出版ハンウルのお蔭で、世に出ることができた。ただただ感謝あるのみである。

二〇〇六年五月

崔 亨 默

目次

第一章　夢に向かって

一、新しい挑戦に向かって
アブラハム（創世記十二章一節〜二五章一一節）

わたしが嫡子だ！

父親が世を去ると、兄弟の間に争いが起こるのを、ときどき見ることがある。異腹兄弟の間で、幼少より情緒交感がうまくいかず、争いが起こることもあるが、同腹生まれの兄弟間においても、少なからず争いが起こる。そのいきさつを見ると多様であるが、ほとんどが、財産の相続と関連している。分けて食べる餅があるというので、いがみ合うのである。世を去った父親は無言であるが、心ない子供たちは、自分の欲を満たすため、そのように争うのである。

そのように争う子を持った、心外な思いをしている父親がいる。アブラハムである。争う子たちの名はユダヤ人、アラブ人、キリスト教人である。彼らは皆、アブラハムを同じ祖先として仕えていながらも、互いに争っている。ユダヤ人たちは、自分たちが、アブラハムの子イサクの子孫であると信じている。彼らは、イサクが、アブラハムの二番目の子であるが、神の約束で生まれた子であるので、イサクの子孫であるユダヤ人こそ、アブラハムの嫡子であると主張している。反面、アラブ人たちは、自分たちが、アブラハムの最初の子イシュマエルの子孫であると信じている。当然、最初の子イシュマエルの子孫であるから、自分たちがアブラハムの嫡子であるというわけである。アブラハムが、モリヤ山頂で神に献げようとした子を、ユダヤ人はイサクであるとして、アラブ人はイシュマエルであるとして信じている。それで、モリヤ山と思われる、エルサレムのシオン山の丘に、ユダヤ人は神殿を、ムスリムはアラクサ寺院を建てた。キリスト教徒は、イエス・キリストの祖先であるアブラハムを、信仰の祖先として信じている。たとい、血肉上の父ではないとしても、信仰の父《ミドウム》として、アブラハムをかえって一層神聖に崇めている。キリスト教徒は、シオン山の向かい側の丘に、そそり立った聖墓教会を建てただけでなく、シオン山の周辺に、最も多くの教会があることを誇っている。それで、〈平和の都市〉という意味で知られている〈エルサレム〈元来〈太陽神の居住地〉という意味のシャハルの家、またはシャロームの家〉〉は、その名とは反対に、互いに嫡子であることを主張する、アブラハムの子孫たちの、間断なき紛争で色どられた都市になってしまった。

同じ祖先に仕えるとすれば、もっと親しく平和にすごすべきなのに、かえってもっと激しく争わなければならない理由は、そもそもどこにあるのだろうか。互いに、嫡子であることを敢えて主張する理由というのは、嫡子という事実を公認されることによって、享受しうる恩恵があるからである。分け合って食べる餅があるゆえに、その餅を一つでも多く手に入れるために、互いに争うのである。

果たして、アブラハムの手に入る餅が、かくも多いのであろうか。聖書は、アブラハムを〈幸福の根源〉といっているのだから、互いに幸福を占めるために、争うに値するのであろう。しかし、その幸福がそもそも何だというので、共に分かち合ってはいけないのであろうか。必ず一人占めにするために争わなければならないのだろうか。互いに争っている兄弟たちは、自分たちの祖先が、幸福の根源であるという、結果的な事実だけを記憶しているのである。したがって、彼の子孫であると自任すると、ひとりでに、自分に幸福が与えられると考えている。それは、父親がすでに培った財産を、遺産として継承するのだという思いに没頭しているということである。あるいは、それは昔も今も変わることのない現実でもある。自身の努力と能力に関係なく、人脈を上手に握っていれば、出世もでき、大きく一儲けすることができるのが、現実ではないか！いわゆる〈人脈待機《ヨンジュル》〉が威力を発揮しているのが現実である。その人脈待機には、公正なる規則も、相手に配慮する余裕もないのである。自分が先に人脈を手に入れればよいという、独占欲が最優先するのである。嫡子であり、長子であると認められると、恩恵がついてくる。それが現実であるゆえに、人々は殴り合って争うのである。

しかし、すでに成功した人に人脈を合わせるのではなく、その成功を手に入れた人の前轍《ぜんてつ》に従う道を選ばなければならないとすればどうなるのであろうか？　そうだとすれば、様相は変わってくるであろう。じっとしていて、他人が作った餅を食べることと、自分が餅を作って食べるのとは、異なるのである。すでに他人がなし遂げたことを見上げることと、自身が自らの力でどのようになし遂げるかを模索するときとでは、姿勢が違うものである。すでに世を去った祖先は、何も語らないが、互いに嫡子であることを主張する、アブラハムの子孫たちは、すでになし遂げたものを見ているので、互いに争うのである。しかし、聖書が伝えるアブラハムの物語の教えは、アブラハムのように幸福を享受したければ、アブラハムの道に従えということである。嫡子であることだけを強調するのではなく、嫡子に相応しく行動せよということである。アブラハムが、幸福の根源になった結果ではなく、幸福の根源になった原因に、注目せよということである。果たして、アブラハムが幸福の根源になった理由は、どこにあるのだろうか。彼の生き方の旅程が、その理由を明らかにしてくれる。

流浪する民族の祖先

アブラハムの名は、本来、〈父は高くあげられた〉を意味するアブラムであった。彼は、神と契約を結んだ後、〈列国の父〉を意味する、アブラハムという新しい名が与えられる。様々な民族が、互いにその子孫であると主張しているのだから、多くの民族の父として崇められるであろうという、彼の名の意味は、間違いなく実現されたようだ。その名に値することをしているわけであり、それは彼の栄光であることには違いない。

しかし、歴史的人物として、アブラハムは、実際孤独な、ことによると哀れな流浪民であった。アブラハムは、聖書に登場する人物のなかで、最初にその時代を見定めることのできる人物である。彼は、古代バビロンの有名な王であるハンムラビより、大体二〇〇年ほど前に生きていた人物と推定される。彼が生きていた時代は、古代シュメール時代（おおよそBC3000～2350）、アッカード時代（おおよそBC2350～2150）、新シュメール時代（おおよそBC2050～1530）、ハンムラビ時代（BC1792～1750）を含めた、古代バビロン時代（おおよそBC1830～1530）と続くメソポタミア地域の歴史において、大体古代バビロンの直前、新シュメール時代の終わり頃になる。アブラハムの行跡は、メソポタミア地域である、カルデアのウルから始まって、ハランとシケムを経てカナンに到る旅程を示している。この経路は肥沃で有名な回廊地帯として知られている。彼が最初に登場するメソポタミアのウル地域は、すでに、遥か昔から定着文明を花咲かせた所であり、人類最初の文明発祥の地としても知られた所である。いわば、当代世界文明の中心地であった。文明を象徴するバベルの塔の原型と見られるジグラト（天の丘、神の山）が位置している所も、まさにそこである。

当代世界文明の中心地が、アブラハムの故郷であった。ところが、彼は、まさにその故郷を離れて、流浪し始めるのである。そのことは、何を意味しているのであろうか。おそらく、後世の聖書史家たちは、少なくとも、自民族の根が深いということを示したいと思う、一種の自尊心の表現として、そのことを強調したであろう。当初より、根拠もなくさすらう〈田舎者〉ではなかったということを、強調したかったのである。しかし、そのように美化された記憶にもかかわらず、アブラハムが流浪した旅程は、それとは異なる実相を示している。すべての機会と可能性の全てが与えられている、世界の中心地にあって、足の置き場がなかった人こそ、列国の祖先アブラハムであった。

彼は、どこかに土地を所有し、定着したかったが、どこにも定着できず、絶え間なく流浪する。メソポタミアのウルを離れたアブラハムは、今日のシリア地域のハランを通り、南へ南へと向かう。カナン地域のシケムとベテル、アイを経てネゲブに到った。そこで飢饉に遭ったアブラハム一行は、エジプトに向かうのである。何の保護も受けられなかった異邦人の境涯で、エジプトで命だけ助かったアブラハム一行は、再び北上し、カナンの地のネゲブにしばらく留まり、再びベデル附近へ、そこからヘブロンへ、そしてベエル・シェバへ、そしてその行方を追うことが難しいほど、あちらこちらに流浪している。彼の暮らしは、定着を享受できず、絶えず道をいく旅程だけであった。そのうえ、彼には、子供、農事までもはかばかしくなかった。彼は、八六歳にエジプト人の女奴隷ハガルからイシュマエルを生み（創世記一六・一以下）、百歳にして初めて、妻サライからイサクをえた（創世記二一・一以下）。これらの事実は、イスラエルの祖先アブラハムの立場を雄弁に物語っている。流浪中でありながらも、彼は生きるためにもがかなければならなかったし、妻が亡くなったときにも、墓地にすべき十分な土地一区画すらなかった（創世記二三章）。

聖書は、彼が人々に、すでに〈神に選ばれた方〉として尊敬されていたと記しているが、流浪の民としての彼の暮らしは、安定した定住生活とは無関係であった。彼の生活は、所有による境界作りにも無関係であった。終わりのない旅程を歩いていく暮らしがあるだけであった。その暮らしは、どこにも執着しない生、しかし、絶望したり、嘆いたりすることのない、生の典型であった。

列国の父、幸福の根源

ところが、いつの頃からか、アブラハムは、全てのものを所有した、幸福の根源として受け容れられ、イスラエルの祖先であり、列国の祖先として受け容れられる。聖書は、イサク、ヤコブと続く系譜の最初に、アブラハムを位置づける（創世記一二〜五〇章）。そのようにして、アブラハムは、イスラエル民族の始祖になるのである。

しかし、アブラハム、イサク、ヤコブと続く系譜は、カナン定住時代の産物である。イスラエルが初めから一つの民族を形成していたのではない。彼らは、初めから一つの系譜として継がれうる祖先であるというよりは、それぞれ異なる分派の祖先たちであった。しかし、彼らには共通点があった。それぞれが、流浪民の群れを率いた人たちであるという点である。この群れが、エジプトを脱出して以後、カナンに定住し、血縁的に再結合し、統合された社会単位を構成するようになったとき、彼らは、一つの系譜として連結するのである。そして、その定住社会が再び位階的な秩序（王朝）として再編されたとき、その系譜は、その秩序とその外部を区分する、確固たる指標の役割をするようになる。アブラハムの適法の後裔だけが幸福を享受する民族になり、その他の人々は、哀れな異邦人になるのである。ここから、〈哀れなる〉流浪民の祖先であったアブラハムは、全てのものを所有した、民族の始祖として急変する。しかし、イエスと初代キリスト教は、ユダヤ人たちのそのような排他的な境界作りを拒否した（ルカ福音書三・七〜九、一三・二八、ヨハネ福音書八・三一以下）。パウロは、アブラハムを血統の祖先として受け容れる、ユダヤ人の排他的な境界作りを拒否し、アブラハムを、信仰の祖先として再解釈している〈ガラテヤ書三章、ロマ書四章〉。しかし、アブラハムを信仰の祖先として受け容れているキリスト教徒たちは、その〈信仰〉を、教理と教会の制度に対する順応として固定化させて、またもや、そのアブラハムを、境界作りの尺度にしてしまった。

定住と所有による境界作りを拒否し、間断なくさすらう流浪民の祖先は、こうして、突拍子もなく、持てる物を守る守護者に急変してしまったのである。われわれが、アブラハムを始めイスラエルの祖先たちのことを考えるとき、まず思い浮かべなければならないことは、〈流浪しながら暮らすアラム人〈注1〉〉の歴史信条〈注2〉の最初の部分である〈申命記二六・五以下〉。

旅に出るという信仰

誰かが富者になったという事実が重要なのではなく、どのようにして富者になったかが重要である。どんなに良い祖先に恵まれてそのお蔭で生きているとしても、自ら努力することもなく、遺してくれた物だけで生きることができようか。そうではないであろう。衷心より祖先を敬うというのであれば、その祖先の徳に従わなければならない。アブラハムが、幸福の根源になった、という結果の事実だけを記憶するのではなく、幸福の根源になった経緯《いきさつ》を考えなければならないという意味である。

〈流浪しながら暮らすアラム人〉アブラハムが、幸福の根源になった理由は、どこにあるのだろうか。単純にいえば、神の約束を受けて、信仰を守ったというところにある。しかし、それは、極めて具体的な決断をともなう。「あなたは生まれ故郷、父の家を離れて、わたしの示す地に行きなさい」(創世記一二・一)。これが神の御言葉《ハナニム》である。この御言葉に従ったところに、アブラハムが幸福の根源になった理由がある。〈あなたが生きている地〉、〈あなたが生まれた故郷〉、〈あなたの父の家〉は、これまで自身の生活に安定を提供してくれた基盤であり、条件である。すでに慣れ親しんでいるものであり、いつも目に入るものであり、目を瞑《つぶ》っても知ることのできるものである。しかし、〈わたしが示す地〉は、不慣れな所である。神には明確に見えるであろうが、アブラハムには、まだ見えない地である。どんなに目を丸くして見ても、見えない、未知の世界である。〈あなたが生きている地〉が、すでに完結された世界であるとすれば、〈わたしが示す地〉は、開かれた可能性の世界である。〈あなたが生きている地〉から〈わたしが示す地〉への移動は、空間的・地理的移動であるだけでなく、新しい世界への冒険である。それだから、それは決断である。可能性を信じて、自身を確実に投企する決断である。

その一度の決断で、数多くの可能性がやってくるのである。幸福の根源になるということは、そのような意味なのである。そのような決断を敢行したアブラハムを、信仰の祖先というのである。いまだ見えはしないが、見えるものに恋々としないで、新しい可能性に向かって歩み始めるのが、信仰である。アブラハムは、そのように歩き始める、信仰の標本になったわけである。したがって、幸福の根源になったアブラハムを、祖先として崇めるということは、その信仰の決断を倣うことでなければならない。可能性に向かって駆ける信仰は、すでに与えられているものを手放し、それを一人占めするために啀《いが》み合うことをしない。すでに与えられているものよりも、まだ見えないものに、もっと大きな期待をかけるのである。

今では有名になった、巨昌《ゴチャン》高等学校には、〈職業選択のための十戒〉というものがある。


月給が少ない方を選択せよ。

わたしが願う所ではなく、わたしを必要としている所を選択せよ。

昇進の機会が、ほとんどない所を選択せよ。

すべての条件が整っている所を避け、初めから始めなければならない荒蕪地を選択せよ。

先を争って集まる所には、絶対にいくな。

将来性が全くないと思われる所にいけ。

社会的尊敬のようなものを、期待できないような所にいけ。

真ん中ではなく、端の部分にいけ。

父母や妻や婚約者が決死反対する所であれば、間違いない。疑うことなくいけ。

王冠ではなく、断頭台が待っている所に行け。


本当に酷《ひど》い（?）戒め、すぐには受け容れ難い戒めである。〈すっからかんの道だなあ〉という思いが、ひとりでにするようにするのである。しかし、よく考えれば考えるほど、意味深長である。なじみの常識とは、正反対の原則である。他人が皆しているようなことをしないで、いつも新しい生の領域を開拓せよということであろう。すでにでき上がっている所にいって、誰かを押しのけて、わたしがそこに座ろうと考えるよりは、誰も座ったことのない場を作ってみよ、という意味であろう。

われわれに、何か欠けていると感じるとき、われわれは純粋になるのである。足りないものがあると感じるからこそ、われわれは、新しいもので満たそうとする期待を抱いて努力するものである。アブラハムの物語は、そのことをわれわれに教えてくれる。

二、異邦の地の旅人から民族解放の指導者に

モーセ（出エジプト記一章一節〜申命記三四章一二節）

選択の岐路

われわれは、瞬間瞬間、選択の岐路に立っている。ただ機械のように回っているような日常においても、選択の機会は、随時やってくる。今日の昼は何を食べようか。昨日食べた味噌汁がいいだろうか。豆腐煮の鍋物《チゲ》がいいか、でなければ、今日は、バラ肉《サムギョプサル》の鍋煮でもグツグツして食べようか。このような問いを投げかけなければならないことも、やはり選択の機会である。どんなに些細なことであっても、選択をしなければならないということは、苦しみと痛みをともなうものである。もちろん、このように、はっきりと予測される結果を巡って、選択することは難しいことではない。ただ、多少のためらいと若干の苦悶があれば、すぐにも答えが出てくる。しかし、人生の重大事を決定しなければならない選択となると、容易ではない。選択の結果がどうであろうかという、予測が確実でないときには、もっと困り果てる。多くの場合、人間は、より安全な道を選択する。これまで、自分が考え、生きてきた方式に、最も慣れている選択をする。そのうえ、結果の確実性が、比較的明確に保障される道を選択する。人間は誰でも、安定を享受したいと思う、基本的な欲求を持っているゆえに、そのような選択行為自体を、とやかくいうことはできない。そのように、慣れており、楽に生きていても自足でき、そのうえ、そのことが他人

に被害を与えることでもなければ、そこで幸福を満喫することもできる。

しかし、慣れていて楽なことが、自分のなかで、絶えず葛藤をひき起こしているとすれば、問題は違ってくる。そのうえ、その葛藤が、ごく個人的次元の心理的現象ではないとすれば、やむをえず、是非の問題をはっきりさせなければならない。例えば、わたしが今している仕事が、わたしの生活を保障してはくれるが、私が好んでしている仕事でないとすれば、わたしが一生懸命にしていることが、誰かには深刻な痛みを与えることであるとすれば、どうすればよいであろう。実際、このような問いは、日常的に提起されているものではないだろうか。わたしが今没頭していることが、誰かに深刻な害を及ぼしうるという可能性は、一端置いておくことにしよう。しかし、わたしが今していることが、好んでしていることではないという自覚は、誰にでも容易にやってくるのである。自分がしていることが、自我の具現やアイデンティティーの実現とは関係がないという自覚に至るようになると、人間は悲惨になるほかない。そのような場合であれば、必ず新しい道を選択しなければならない。むしろ、今自身の生活に、安定性と確実性をくれている条件と決別して、全く新しい可能性に向かって進まなければならない。その新しい可能性に、何らかの里程標がないわけではない。自分を自分らしくすることのできない、奴隷の生活を引き払って、自己を実現しようとする目標、それが里程標になるのである。

そうすれば、飢えて死ぬのではないだろうか。自分を実現することができるという、大きな夢はよいとしても、そうしていては、飢えることは目に見えているという不安感が、襲ってくるのでる。エーリッヒ・フロムがいった『自由からの逃走』の心理だ。人間は誰でも自由を渇望するが、その機会が与えられると、かえって不安に思うというのである。ことによると、当然というべきであろう。慣れ親しんでいることから、離れなければならないからである。ましてや、これまで生活を可能にしてくれた条件が、剥奪されうるという不安感は、実際極めて切迫した問題である。数多くの人は、その現実的切迫感のために、新しい冒険の道を歩むことができない。しかし、この世には、そのように一つの道だけがあるのではないのである。いずれにせよ、今われわれが享受している生の条件は、決して運命的条件であるだけではないのである。誰かの必要によって、人々が組織し、積み上げた結果であるにすぎない。そうだとすれば、新しい道もまた、誰かによって始められうるのである。その道もまた、険しい茨の道だけではない、〈福地《ボクジ》〉になりうる。今のところは可能性にすぎないが、その〈福地〉に向かって〈曠野〉の道に進み出たのが、モーセである。

エジプトの王子モーセ

われわれがよく憶えているモーセ像は、出エジプトの指導者に集中している。ヘブライ民族の解放のために、エジプトのファラオと対決し、積極的に紅海を渡り、シナイ山において十戒を受け取るモーセに、いつも固定している。彼の後ろには、民衆が列をなし、いちばん前で、彼は民衆たちを率いている。民族解放の指導者として、モーセを憶えているのは、単にチャールトン・

ヘストンが主人公として登場している、映画〈十戒〉の影響のためだけではないであろう。われわれは誰でも、そのように偉大な指導者を羨望するゆえに、民衆の前に、自らの存在をぐっと高くした指導者としてのみ、モーセを憶えているのである。

しかし、聖書が伝えるモーセ像は、極めて複合的である。解放の指導者とは異なり、伝統的な権威の代弁者として登場する、新約聖書の記憶まで含めると、より一層複雑になる。しかし、新約聖書に登場するモーセ像は、極めて神学的な意味を含んでいるので、一応除外することにしよう。旧約聖書に伝えられていることだけでも、モーセは非常に複雑な姿をしている。彼の全生涯を通じて見るとき、万民の前に自らの存在を明らかにしたモーセ像は、極めて複合的な人物モーセの一断面であり、一つの結果であるにすぎない。民族解放の指導者として登場するまでの、彼の生きざまの旅程を見ることなくしては、民族解放指導者としての、モーセの真面目を正しく見ることはできない。幸運なことに、聖書は、モーセが歩んだ生きざまを、非常にはっきりと示している。モーセは、聖書において、はっきりと記憶されている人物たちのなかでも、誕生から死に至るまでの生涯の全過程を描きうる、稀な人物中の一人である。

モーセの誕生は、悲劇の歴史を背景にしている。遥か以前、飢饉を避けて移住したイスラエルの人々は、エジプトに定着した。移住民として、総理を担っていたヨセフとその世代が死んだ後も、イスラエルの人々は、エジプトで暮らし、栄えた。しかし、ヨセフを知らない新しいファラオが登場すると、イスラエルは、試練をなめるようになる。新しいファラオは、イスラエルの人々を危機勢力と見なして、強制労働をさせただけでなく、ついには、組織的な幼児虐殺を敢行するのである。モーセが生まれたのは、まさにこのときであった。モーセにとって、その悲劇の歴史は、間断なくアイデンティティーに関する問いを提起させる、根本的な背景になった。またそれは、絶え間なき選択の岐路に立った人間の運命を予告している。

川に流されて、死ぬ運命にあったヘブライ人の子モーセは、賢明なる姉と母のお蔭で、命をとりとめる。エジプトの王女に見出されたモーセは、今やヘブライ人の子ではなく、エジプトの王子として生まれ変わる。〈ヘブライ人の子〉モーセと、〈エジプトの王子〉モーセは、調和しえない両極の対立であった。今日、われわれが混用している〈イスラエル〉と〈ヘブライ〉は、元来異なった概念であった。〈イスラエル〉が、一つの民族集団をいう言葉であるとすれば、〈ヘブライ〉は、その民族以前に、古代中東社会に広範囲に散らされていた奴隷、傭兵、流れ者を含む、下層民族集団をいう言葉であった。イスラエルは、初めから、一つの民族集団として存続したのではなく、当時の、社会の下層階級を母体にして、形成されたのである。いわば、ヘブライは、巨大な専制王権国家、エジプト社会の最下層集団であったのである。モーセは、そのように最下層から最上層に、存在移転をしたわけであった。しかし、モーセにとって、〈ヘブライ人の子〉は、忘れられた過去ではなかった。モーセは、エジプト王女の養児になるが、乳母になった実母の乳を飲んで育った。このように、モーセは二重のアイデンティティーをもった、矛盾した存在であったが、モーセ自身がその事実を自覚するまでは、何の問題もなかった。おそらく、彼は宮中の安楽さを享受しながら、将来には権力の核心を手に入れるであろうという期待を抱いていたであろう。

しかし、ある日モーセは、強制労働を強いられているヘブライ人が、工事監督に殴られている場面を目撃する。義憤に満ちたモーセは、エジプト人の工事監督を殴り殺した。この事件は、モーセが自身のアイデンティティーを自覚した、最初の事件である。それまで、モーセは、エジプト人であると同時にヘブライ人として、二重のアイデンティティーを抱いていた。否、正反対に、真のエジプト人でもなくヘブライ人でもない、自らのアイデンティティーを持ちえない、模糊とした周辺人、境界人として生きていた。しかし、苦しめられているヘブライ人の側に立つという選択をすることによって、彼は初めて、自らのアイデンティティーを自覚したのである。誰もがそうであるように、何の問題意識もなく生きているときは分からないが、〈わたしは何者か〉、〈わたしのアイデンティティーは何か〉という問いかけとともに、そのアイデンティティーを自覚するようになるとき、ほとんどの場合、喜びに先立ち、苦しみを経験する。モーセの場合、このことを劇的に示している。彼はすぐに、エジプト人たちに追われる身となった。王子から逃亡者の身に転落したのである。

異邦の地の旅人

モーセは、ミディアン曠野に難を避け、ある井戸端に座っていた。聖書において、曠野は試練を意味し、井戸は命を象徴する。モーセにおける二重の矛盾は、このときから、一層明らかになる。それは、どこか一か所に身を寄せる所とてない、逃亡者の身で試練をなめなければならなかったが、一方では、試練の苦しみと同じくらい日常の誘惑もまた強いモーセの存在条件であった。

曠野の井戸端に座っているモーセに、新しい機会が与えられる。見知らぬ旅人が、一地域の住民と関係ができるところとして、井戸端の説話は、聖書において、よく見出すことのできる話である。しかし、この井戸端に人々が集まるときは、単純に、出会いがあり、よいことだけがあったのではなかった。この井戸端で、互いに異なる集団の人たちがぶつかるようになると、衝突も度々起こった。水が多くないそこで、互いにより多くの水を確保しようとしたからであった。モーセがぶつかった状況が、そういうものであった。ミディアンの司祭（ルーエルまたはイドラともいう）の娘たちが、羊に水を飲ませているところへ、羊飼いたちがやってきて、彼らを追い出そうとしたのである。ちょうどそのとき、井戸端に座っていたモーセが現れて、ミディアン司祭の娘たちを助けて、羊に水が飲めるようにした。そのことを知った司祭は、モーセを厚くもてなして自分と一緒に暮らすようにし、ついには、娘ツィポラと結婚までさせてくれたのである。こうして、モーセは、ミディアンに留まって、息子まで生まれた。そのとき、その息子の名を〈見知らぬ地の旅人〉になったことを意味する〈ゲルショム〉（〈ゲル〉は旅人という意味）とした。

実際、この説話は、モーセのその大きな業績に比べると、容易に見過ごしてもよいように見える。しかし、この説話は、そのままさらっと見過ごしてよいものではない。この説話が、後の日に、民族解放の指導者としてモーゼをあらしめた、重要な契機を示唆するからである。モーセは、四〇歳にミディアン曠野に到った（使徒行伝七・二三～二九）。彼は、その曠野で四〇年を過ごして初めて、神に出会う体験をし（使徒行伝二七・三〇以下）、またエジプトから脱出した群れを率いて出てくる途中、神の戒めを受けた。モーセが、民族解放の指導者として登場しえた契機が、実は曠野における暮らしだったのである。特に、その曠野で生まれた子供の名をつけるところで、モーセの自意識は、明確に現れる。ツィポラが子を産むと、モーセは、「わたしは見知らぬ土地で旅人になったのだなあ！」といって、子の名を、そのような意味をもつ〈ゲルショム〉と名づけた。この説話は、単純な愚痴であり、身の上の嘆きであるともいえる。それが、瞬間的な愚痴こぼしや身の上の嘆きではありえない理由は、まさに、そのような境遇を子の名として残し、後々までも記憶しようとしたところにある。われわれの場合であれ、イスラエル民族、それだけでなく、いかなる民族の場合であれ、名前をつけるということは、重要な意味をもつ。特に、重要性をもつ名づけを通じて、現在自身の境遇を刻んでおく行為は、明確な目的意識をもった行為である。

どのような目的意識なのであろうか。それは、自らのアイデンティティーを、明確に刻印する作業である。換言すれば、今わたしが立っている場所がどのような所であるのか、わたしはそもそも何者なのか、わたしは何をすべきであるかを、明確に認識する行為である。モーセは、絶え間なくこのような自覚をしていた。今自分自身が置かれている場、それを確認することは重要な意味をもつ。その場が自身のいるべき場ならば、今その場に相応しいことを一層忠実にすべきであり、その場が、いるべきでない場であれば、その場を去って他の場を求めるべきであろう。モーセが、見知らぬ土地の旅人に転落していく自身の境遇を自覚したのは、その場が、自身に相応しいところではないことを、深く悟った場合に当たる。モーセのミディアン生活は、単なる安住や定着ではなかった。そこでもモーセは、エジプトの王宮におけるのと同じように、周辺人、境界人としての自分自身の境遇を再び悟るのである。自身が選んだヘブライの民とともにいるべきだということを知りつつも、体を動かすことができないという現実を自覚したのである。

　多くの羊の群れと妻子をもつようになったモーセに、〈見知らぬ土地の旅人〉としての意識がなかったならば、彼は多分、その地域で誠実で名のある牧者になったかも知れないが、イスラエル民族を率いる指導者にはなりえなかったであろう。しかし、まさに、今与えられている日常に埋没されることはできないという意識が、彼の生活を支配したし、そうしたがゆえに、ある日、真に彼が行って立つべき場がどこであるかを覚醒させる事件を経験するようになったのである。

民族の解放者、モーセ

〈見知らぬ土地の旅人〉としての自意識を抱いていたモーセは、再び、劇的な転換の契機を経験する。燃えない低木のなかから、神の声を聞いたのである。日常において経験しえない不慣れな場面に引き込まれて、神の声を聞いたモーセがその名を尋ねると、神は、「わたしはわたしである」と答える。エジプトで奴隷の生活をしている民衆を解放させるために、モーセを呼んだ神の名としては、実にたよりないことこのうえない。われわれが期待するところでは、それこそ、全知全能なる能力を誇示して雄大な名を知らせてくれるべきだと思うのであるが、その答えは、ただ「わたしはわたしである」だけである。しかし、その答えこそ、最も正確な答えであった。神は、何をもってしても、規定されえない存在であるという意味である。抑圧され、苦難にある民衆の指導者として、進み出るか否かの、重大な決断を前にしたモーセにとって、その答えは、形而上学的な応答ではなかった。その、何をもってしても規定されえない存在、それは、全的に自由な主体をいう。神が自らを称した名であるこの応答は、同時に、その応答を聞く存在の自覚でもあるのである。「モーセはモーセである」、「ヘブライ人はヘブライ人である」という自覚である。エジプトの王子でもなければ、見知らぬ土地の旅人でもない、〈ヘブライ人の子〉としての、モーセのアイデンティティー自覚であり、同時に、決してエジプトの奴隷ではありえない、ヘブライ人の自覚である。したがって、〈わたしはわたし〉である神を信ずることは、誰の下僕でもない自身の生き方の主人として、堂々と生きていくことを意味する。

その偉大な自覚が、自身の人生の主人として、生きていく第一歩である。その自覚が明確であれば、選択の岐路において、あまり迷うことはないのである。モーセは、その道へ、自身の民を導くべく進み出た。いうまでもなく、予想していた通り数多くの難関が横たわっていた。強力な権力をもったファラオが、自身の体制の最底辺を支えている奴隷たちを、素直に放してくれるはずはなかった。そのようなファラオと対決しなければならない状況は、苦しみそれ自体であった。十の禍として現れた対決の話は、一山越え、また山であるほかなかったその苦難の過程を物語っているのである。脱出した群れの前にはだかった深い海もまた、難関であった。しかし、聖書は、そのいかなる外的な条件よりも、まさにヘブライ人自身が、最も大きな難関であったことを示している。モーセに領導されているヘブライ人たちは、四〇年間も曠野でさまよった。もちろん、その四〇年間というのは、実際であるよりは、象徴的である。しかし、その象徴的な数値は、彼らが、少なくとも一世代もの間、そのようにさまよったことを示唆している。ヘブライ人が曠野で四〇年の歳月を送るほかなかったのは、彼らが絶えず、〈エジプトの肉の釜〉をなつかしく思ったからである。かくも自由を渇望していた彼らであったが、自由が与えられたとき、恐れるその心が問題であった。それは、エジプト軍よりも、紅海よりももっと恐しい難関であった。空腹なる哲学者より、満腹の豚がよいというのであろうか。人間は、自分との戦いが最も難しいといわれる。それは、モーセがすでに体験したことである。ところが、今ではその民衆が、その至難の戦いに突入したのである。

モーセの領導力は、すでに彼自身が、長い歳月もの間、自分との戦いを通して打ち勝ったところから生まれたものである。彼は、一言でいえば、用意された指導者だったのである。彼は、ことによると、選択の岐路に立つ全ての人が見せることができる平凡な面貌《すがた》を、そのまま有していた。しかし、彼は選択の機会を逃さなかったし、一度選択した途上では、一貫性を失わなかったのである。そのような態度からくる領導力があったがゆえに、彼は、いつも不平不満に満ちている民衆を、カナンの地に導くことができたのである。最後まで、自らはその地に到達できず、歴史の舞台から忽然と消えてしまったが、彼が打ち立てた、解放と自由の標識板は、永遠に消えることのない里程標になった。

三、転換期の経世家

サムエル（サムエル記上）

転換期の指導者、経綸の指導者

国民が選んでくれた大統領が、就任一〇〇日にして、やってられない、といった。乱麻のようにもつれた問題群のため頭を抱えているとき吐いた声であった。言論界は沸き立ち、彼を支持していた人たちさえも、彼に失望した。大統領候補盧武鉉《ノムヒョン》を支持していた人たちは、彼の率直淡泊な言行に、かなりの好感を抱いた。現実政治の版図において到底不可能に思われた彼が、大統領に当選したのにはいろいろな要因があるであろうが、彼の個人的な品性もまた大きな役割をなした。彼がいつも正直で飾りっ気のない態度で、自身の心のうちをありのままに表す品性の持主であるという点は、権威主義的指導者の振舞に嫌気がさしていた国民にとって、確かに新鮮であった。国民は、彼の飾りっ気のない態度と、絶えざる対話姿勢を見て、彼が権威主義を清算しうる指導者になってくれることを期待した。

実際、全く個人的な品性の次元でいえば、彼が大統領に就任しても、これといって変わったことはないようである。彼は相変わらず、さしたる支障のない言行で一貫した。しかし、一般国民が感じる〈隔世の感〉は大きかった。いうまでもなく、その〈隔世の感〉は、彼の個人的な品性の問題ではなく、国家の最高指導者としての政策的判断の問題と関連している。対外、特にアメリカとの関係において、自主的な外交路線を堅持するであろうと期待したにもかかわらず、全く違っていた。対北柔和政策を堅持するであろうと思ったのに、ふらふらしている感じであった。人権と平和を重視し、庶民と労働者の権益に、まず関心を傾けると思ったのに、やはり期待外れであった。短い期間に見せた、彼の政策的選択は、彼を熱狂的に支持していた階層の要求とはほとんど真っ向から背馳していた。彼を支持していた階層が背を向ける兆しが現れると、彼の執権を快く思っていなかった人たちは、このときぞとばかり、気勢を上げ始めた。大統領の指導力自体を疑い、そのうえ嘲弄し始めた。〈それ見よ、国家指導者を誤って選ぶと、どういうことが起こるか！〉といわんばかりである。しかし、その嘲弄の声は、ほとんど人身攻撃の性格を帯びた。大統領というのは、誰でもするものではないといって、国家最高指導者の言行が、あまりにも軽薄であるというものであった。内心では、政策的選択について爪を研いでいたであろうが、意外にも、その政策的選択が自分たちに有利に働いたためであろうか。やはり、国家指導者の位置に就くようになると、〈慎重な〉選択をするほかないと、讃辞を送らねばならないはずなのに、政策的選択の〈慎重さ〉については論外として、彼の個人的品性を問題にしたのである。状況がこうなったものだから、自身の〈親衛勢力〉なしに、国家の最高指導者になった盧武鉉大統領は、〈大統領職《ノルッ》やってられない〉といったのである。

国家の最高指導者として、盧武鉉大統領に対する評価は、将来なされることであろう。任期初期の短期間に現れた現象をもって、彼の功罪を全て評価することはできない。しかし、そのように短期間に指導力を疑われ、あちこちから同時に批判の対象になった前例はなかった。通常、統治任期一年間は、蜜月期間というではないか。政治的反対者たちも、言論界も、粗探しをするよりも、それこそ慎重な態度で見守るものであるが、盧武鉉大統領の場合には、そのような前例とは違っていた。ついには、大統領弾劾という、初めての事態まで起こるではないか。このような現象は、政権の性格と役割だけを問題として提起したのではなく、それとは一定程度区別される、国家最高指導者の資質に関する問題を提起したものであった。果たして、国家最高指導者の資質は、どのようなものでなければならないのかという課題を提起したのである。

歴史的人物を評価する際、個人の資質だけを、判断の根拠にすることはできない。指導者、特に国家的指導者としての資質は、時代的な課題を、どれほど適切に解決したかという点で評価されなければならない。このとき、特別の激変期か、ある種の転換期でないとすれば、指導者としての人物に対する評も、大体無難であるのが一般的である。特に業績が抜きん出ていれば、そのすぐれた業績のゆえにひき立って見えるであろうし、特に誤ちが多ければ、その過誤のゆえに悪名高くなるのであろうが、その功罪がさほど鮮明でないならば、ただ冷静に、功績と過誤を評価されるのが普通である。しかし、歴史の転換期にいた人物は、個人の人となりとはほとんど別に、時代像と一層密接に関連して評価される。その転換期の人物は、大体、新しい時代の評価基準によって評価されるのである。勝利すれば正統になり、敗北すれば異端になってしまう。冷酷なる現実の法則というべきであろうか。古えの人物は、勝利して新しい時代を拓り開いた主役の視角から評価される。新しい時代が、〈善〉として持ち上げられるとすれば、古えの時代は〈悪〉として評価され、各時代を代表する人物も、そのように時代の善悪の価値判断によって評価されるのである。王朝が変わるごとに、前王朝の最後の王は、すべての罪科を全てかぶるのである。反面、新しい王朝の始祖は、新しい時代を拓り開いていく、全ての徳目を整えているものとして、理想化される。極端に善悪が対比されない場合でも、古えの時代の人物は、何か欠如している人物として理解されるのに対し、新しい時代の人物は、全てのものを整えた人物として理解される。新しい時代の正統性は、常にそのように旧い時代の人物を貶しめることによって確立するのである。それが、われわれの知っている常識である。

しかし、歴史においては、その常識の枠を越えている人物も、ときとして見ることができる。旧時代の最後の人物であると同時に、新時代の最初の人物として評価される人物である。時代像に照らしてみると矛盾しているようであるが、同時に二つの時代に合わせて尊敬される人物といううべきであろうか。時代の荒波が、人を殺しもし生かしもして、ある人は、歴史の裏面に消えるのに対し、他のある種の人は、歴史の前面に浮上するのが常識である。しかし、その歴史の荒波によって埋もれたり浮上したりするのではなく、むしろ、その潮流を左右する存在としてすくっと立っている人物がいる。聖書の主人公サムエルがそのような人である。

歴史的巨人の誕生

サムエルは、イスラエルの歴史においてもう一人の巨人である。モーセに匹敵するほどの人ではないとしても、サムエルの存在は決して軽くはない。自由民共同体（注3）の歴史の出発点に、モーセがいるとすれば、その最後のところには、サムエルがいるというべきであろう。

サムエルの比重は、その誕生の説話においてよく現れている。希望と成就、または約束と成就の、典型的な申命記の歴史の枠組みにおいて叙述されたサムエル誕生の説話は、彼の存在に対する、イスラエル民衆の一つの記憶方式である。彼は当初より、母の誓願と神の確証によって聖別された存在として誕生した。神に誓願して生まれたサムエルを、神に委ねて捧げる、彼の母ハンナの祈りは、まるで、イエスの母マリアの讃歌を連想させる。ハンナの祈りで、〈弱い者を塵の中から立ち上がらせ、貧しい者を芥の中から高く上げ〉られる神に対する讃美は、マリアの歌において、〈主はその腕で力を振るい、思い上がる者を打ち散らし、権力ある者をその座から引き降ろし、身分の低い者を高く上げ〉られる神に対する讃美として再演される。このハンナの祈りは、マリア讃歌の原型である。ここでの神に対する讃美は、同時に神の御心に従って生まれた、その主人公の役割を予告していることでもあるのである。否、それは、人々が記憶している、その主人公の実際の役割である。サムエルは、後代のイエスと同じように、そのように、特別に記憶されている人物であった。

矛盾の人物

当初より聖別されて、祭司長エリのもとで育てられたサムエルは、エリの後を継いで、祭司長として、士師としてイスラエル民衆の指導者になる。サムエルは、極めて複合的な指導者の面貌をした指導者として、モーセに比肩される。モーセは、出エジプトの指導者として、神の御言葉を受け取った預言者の役割もし、祭司の法規を定めた、司祭の役割を担ったりもした。同時に、彼はイスラエルの最高政治指導者であった。サムエルも、モーセと同じように、当代の全ての権威を賦与された指導者であった。

サムエルは、事実上最後の士師であった。彼の子たちが、士師の役割をしたといわれるが、士師としてその役割を十分に担ったのではなかった（サムエル上八・一～三）。聖書は、その息子たちが、サムエルのように、士師としてイスラエルを統治せず、自分たちの致富《ちふ》にのみ汲々したと伝えている。結局、その息子たちが、士師という名称を賦与されたとしても、実際に、士師としての役割を担ったのは、サムエルで終わったことになるのである。最後の士師として、サムエルは、極めて矛盾した存在であった。彼は、旧時代を代表する人物であると同時に、部族同盟の時代を終えて、王政の時代を拓り開いた人物として、新しい時代を予め備える人物でもあった。このように、矛盾した二つの存在が重なったということは、彼の役割も矛盾的であったことを示している。

時代自体が、サムエルにそのような矛盾した役割を賦与したのである。その時期は、青銅器時代から鉄器時代に変わる時期であった。それは、イスラエルの歴史において、マクロ的な文明史的転換の意味だけを有するものではなかった。主に、山間地域において、せいぜいのところ青銅器程度のほかにはなかったイスラエル（サムエル上一三・一九以下）にとって、相対的に有利な平地において、すでに鉄器を保有したペリシテと対決するようになった状況は、歴史的な危機を招来した。強力な生産力と、組織化された秩序を整えた、海洋民族ペリシテとの対決は、イスラエルには手にあまるものであった。結局、イスラエルは、命のように思う神の箱を、ペリシテに奪われてしまった〈サムエル上四章以下〉。これによって、イスラエルの危機は全面化した。イスラエルにおいては、われわれもペリシテのように、強力な王権国家を樹立すべきだとする要求が、紛々《ふんぷん》と起こった。イスラエルが、これまでずっと排斥してきたペリシテの文物を受容しなければならないという、現実的選択に直面するようになったのである。ペリシテの文物を受け容れるということは、イスラエル社会の、全面的な変化を意味した。それまで低い生活水準を維持していたイスラエルには、余剰の生産物が十分であるはずがなかった。また、間歇《かんけつ》的な戦勝で、余剰生産物ができるとしても、特定勢力がこれを専有することを、徹底して禁じてきたのがイスラエルの法度であった。そのようなイスラエルが、ペリシテの先進文物を受け容れるということは、以前の社会的基盤を瓦解させることを意味した。エリの息子たちが、専横をほしいままにしていた事実や、サムエルの息子たちが、着服を憚らなかったという事実は、一回性の事件であるというよりは、イスラエル社会の特権層が、享受しうるに足る余剰生産物ができていたことを示唆している。したがって、それらの事件は、イスラエル社会の、構造的変化の可能性を予告する事態であった。結局、イスラエル社会内部の王政要求は、単なる軍事的な対応策ではなく、全面的な社会改編の要求であったわけである。

社会の全面的改編を図れという、現実的な要求の前で、長い間、部族同盟体の〈自由民共同体〉の理想を代弁してきたサムエルは、困惑に陥った。彼は、止むをえず王政の要求を受容しながらも、警告することを忘れなかった（サムエル上八章）。王政が施行されると、息子たちは軍隊に徴発され、娘たちも労力動員の対象になるだろうし、忠実に租税も納めなければならないだろうという警告である。王政の要求に同意しながらも、このような警告を抜かさなかったのは、サムエルの困った状況を物語っている。サムエルは、止むをえず現実論を受容してからも、続いて当惑した状況に直面した。最初の王に選ばれたサウルの軍隊は、戦争で勝利を収めたとき、以前ならば到底許されないことを犯した。徹底して〈鎮滅〉しなければならないことを鎮滅せず、戦利品として取得したのである。余剰生産物の独占を禁じていた伝統は、形式的にのみに残り、上等の物を専有することが、何憚ることなく行われた（サムエル上一四章、一五章）。まさにそのことのために、神もサムエルも、サウルから心が離れるのである（サムエル一五・三五）。これは、依然として旧部族同盟体の規律が強力な影響力を発揮していることを示している。しかし、すでにその事態自身が、形容矛盾である。資本主義の市場経済が、現実に強く根を下ろしているにもかかわらず、社会主義の理念を固守している、今日の中国の姿と同じであるといえようか。

すでに王政を容認した状態において、旧部族同盟の平等主義の理念を、固守しようとすること自体が矛盾であった。結局、サムエルが選んだ対案もまた、他の王を建てたことになったということは、その矛盾した状況を、より一層克明に示している。新しい王ダビデの登場は、サムエルの退陣（サムエル上二五・一）を予告したものであった。ダビデの全面的登場と、サムエルの死が交叉するのは、偶然ではない。サムエルの自然な寿命が全うされたからではなく、ダビデの時代とサムエルの時代は、調和しえなかったからである。

サムエルの権威

一言でいえば、サムエルは、彼自身が、旧部族同盟の精神を代弁しながらも新しい王政時代の予備を主導した、矛盾の人物であった。しかし、まさにその矛盾した性格が、サムエルが、権威のある指導者として存続した理由でもあったのである。サムエルは、仕方なく現実論を受け容れたが、その現実を測る根拠は、依然として旧部族同盟の規範であった。少なくとも、ダビデが確固たる王権を築くまで、旧部族同盟体の伝統は、イスラエルにおいて、そのいかなる人も無闇に無視できなかった。伝統を代弁したサムエルは、これに基づいて権威のある指導者の役割を担うことができた。ここで、サムエルの役割は、まるで現代イラン革命の指導者ホメイニを連想させる。イラン革命の〈王政から共和政〉は、イスラエルの〈部族同盟から王政〉の手順とは逆であるが、古えの宗教的伝統を根拠に、政治・社会的指導力を発揮しながらも、新しい時代の制度的指導者としては前面に出ることなく、しかし、最高の権威をもった指導者としての役割を果たしたという点において、サムエルはホメイニの姿と似ている。

見方によっては、サムエルは、徹底した現実主義者にも徹底した理想主義者にもなりえない、曖昧な人物であった。彼は、復古主義者でもなければ、革命主義者でもなかった。その点のゆえに、われわれは、歴史的人物として、サムエルをどのように評価すべきか、困ることもある。しかし、サムエルに対する歴史的評価は、転換期の歴史的脈絡に対する評価のなかでなされねばならないであろう。いかんともし難い、時代の荒波のなかにあったサムエルは、あるいは、老練な経世家として、自身の役割を全うしたのかも知れない。模糊とし、矛盾しているように見える彼の姿は、時代の交叉が作り出しただけで、むしろ、彼は、その転換期を、最も熾烈に生きた指導者であるともいいうる。彼は、眼前に展開されている、新しい現実を受け容れながらも、同時に、守るべき理想を放棄しなかった。徹底した現実主義者でもなく、徹底した理想主義者でもなかった彼は、逆に、徹底した現実主義者であると同時に、徹底した理想主義者でもあったのである。どちらか一方は勝利し、他の一方は敗北しなければならなかった時代の矛盾のなかで、その矛盾の境界を往き来しながら、自らの役割をなしおえるということは、決して容易なことではない。そのような役割をなしおえた人には、二重の意味において、否定的評価が下されやすい。一方においては守旧主義者として、他方においては急進主義者として、評価されうるし、そうでなければ、あちらこちらから、同時に灰色分子と烙印されやすい。

　しかし、サムエルが、これといって、非の打ちどころのない指導者として記憶されている理由は、どこにあるのだろうか。それは、実際様々な矛盾した要素が混在している、われわれの日常の生活と無関係ではないであろう。ことによると、われわれが生きていく瞬間瞬間が危機であり、転換期でありうる。旧世代が全的に旧世代であるだけでもなく、新世代が全的に新世代であるだけではないのである。間断なき交叉の連続であるわれわれの生において、どちらか一方を選択することが最善のときもあるが、二つのもの全てを一緒にする智恵が、切実に求められるときもある。そうしてこそ、対案が見える場合が多い。安保の危機の前にあって、国家発展の論理を、受け容れるほかなかった状況にありながらも、国家発展の暗い蔭を憂えていたサムエルの目は、その知恵を、ことさらのように思い起こさせるのである。まさに、そのサムエルの知恵があったがゆえに、発展の論理にのみ突っ走っていた王政の時代にも、その弊害を乗り超えるために、絶え間なく平等の理想を鼓吹した、預言者たちの役割が持続されえたのである。

四、正しい道、そして愛《サラン》

エリヤ（列王記上一七章一節～列王記下二章一八節）

金九先生の民族愛

解放前後時代の人物のなかで、最も尊敬されている人物は、断然金九《キムグ》（一八七六～一九四九、独立運動家、政治家）先生である。政治家だけでなく、若い学生たちにまで、金九先生はまんべんなく、尊敬されている。数年前、ある新聞社の〈二一世紀韓国人の師表となるに相応しい人物〉を選ぶ世論調査においても、金九先生が一位を占めた。しかし、現実政治の次元において、金九は明らかに失敗者であるにすぎなかった。解放（一九四五年八月一五日）直後の政治の現実において、勝者が李承晩《イスンマン》であったとすれば、金九は敗者であった。ところが、かえってその敗者が、長い間記憶され、尊敬される理由は、何であろうか。それは、金九先生が示した、統一政府に向けた王道の原則と、民族愛の熱情のためであろう。

彼は、朝鮮朝末最後の科挙に失敗した後、売官売職が盛んであった現実を慨嘆した。そして、東学《ドンハク》（現在の天道教の前身）に入門したかと思えば、僧侶になったり、またキリスト教に入信したりもした。しかし、彼の生き方を一貫していた関心事は、民族愛であった。よく知られているように、彼は明成皇后《ミョンソンホアンフ》（朝鮮王朝第二六代高宗の妃、閔妃《ミンビ》）弑逆《しぎゃく》事件以後、復讐のため日本軍将校を殺害し、以後一貫して民族運動に邁進し、上海臨時政府主席の資格で解放を迎えた。彼は、生涯を通じて、解放された自主独立国家の夢を抱き続けてきたが、日帝《イルジェ》の植民支配から脱した民族の前には、大きな難関が横たわっていた。始まったばかりの冷戦体制が、民族を引き裂いたのである。冷戦体制を代表するアメリカとソ連が、全く譲歩せず対決している現実において、あるいは、民族の分断は必然であったかも知れない。その状況において、李承晩は、親米反共の現実主義路線を選択し、権力を掌握した。反面金九は、最後まで、南韓だけの単独政府の樹立に反対し、統一政府の樹立に努めた。それは、彼の印象に似て愚直なる夢であったし、美しい原則でもあった。

冷厳なる冷戦体制の現実において、彼の原則は、本当に夢に過ぎなかったかも知れない。少なくとも、単独政府樹立だけでも防ぐことができた信託統治案についても、彼は、民族自主の原則の立場を堅持した。それは、左派の陣営とは異なる、右派の立場に従ったものであるというよりは、彼の一貫した民族自主の原則であった。李承晩を代表とする右派の陣営は、抜け目なく国際政治の現実を読み取って、確実に一方を選択する現実路線を堅持し、左派陣営は、国際政治の現実を容認して、信託統治案を受け容れ、単独政府樹立だけは防ごうとした。しかし、金九には、ひとえに民族自主の原則だけがあった。そのような立場は、現実政治においては、国際感覚が欠如したものとして、批判もされえよう。彼は、どちらからも支持されない、孤独な戦いを決行した。彼は、一人で三八度線を越え、結局銃弾に倒れなければならなかった。

彼が、何らかの現実的な政治路線を選択していたとすれば、どうなっていたであろうか。歴史に仮定など意味がないゆえ、彼が進まなかった道を、評価することはできない。しかし、歴史の敗者として記録されるほかなかった、まさにその歩みを、われわれは記憶しているのである。彼の歩みは、たとい現実政治の脈絡においては挫折するほかなかったとしても、彼が抱いていた意志は、依然として意味があるゆえに、今日われわれは、彼を歴史的巨人として記憶しているのである。彼の道は、現実的な政治路線上の選択以前に、もっと遠大な目標にあった。その目標は、一つなる民族に対する夢、その民族が、自ら運命を決定し、この歴史に寄与する夢であった。その夢は、自らの運命の主人として生きることができなかった、この地の民衆の夢であった。白丁《ベグジョン》〔朝鮮朝のとき、賎民階級を高く称して不平をなくし、また簡単にこき使うために兵丁に編入させ、官として下した号〕の〈白〉、凡夫の〈凡《ボム》〉をとってつけた金九の号《ホ》は、彼の存在の意味と、人々が彼を記憶している理由を、明確に示している。

このように、敗者ではあったが、彼が抱いていた意志のゆえに記憶されている人物の典型を、聖書のエリヤにおいて見ることができる。

イスラエル民族の夢とエリヤ

エリヤは、極めて独特の預言者である。彼は、どのような立場から見ても、成功した指導者ではない。例えば、モーセは律法の授与者として、または預言者伝統の嚆矢《こうし》として、イスラエル民族の精神史において、最も聳え立っている人物である。モーセとは相反する意味において、ダビデは、イスラエル民族の可視的なアイデンティティーを形成した人物として、成功した人物である。このように、モーセとダビデは、成功した指導者として、どのような形態であれ、常に主流の位置を占めてきた。しかし、エリヤの場合は異なっている。

エリヤも、イスラエル民族の信仰伝承において、長い間記憶された人物ではある。しかし、彼は、支配権を掌握した主流において記憶されたのではなく、民衆の伝統において、綿々として記憶されている人物である。列王記に残されている彼の記憶は、民話の形態をとっている。それは、エリヤが、民衆の物語のなかで膾炙《かいしゃ》されていた主人公であるということを示唆している。同時に、エリヤが、常に苦しみの現実にあった民草たちに、それだけ近い人物であったことを物語る。彼が後代に記憶されているのも、黙示文学（注4）的伝統においてである。彼は、近づく新しい世界のメシアのような存在として記憶されているのである。新約聖書においても、エリヤは、バプテスマのヨハネとイエスの姿を重ね合わせて登場する。そのような意味において、エリヤは、モーセとダビデとは全く異なった指導者像を示している。

イスラエルの栄華、民衆の苦難と希望

エリヤが活動していた時期は、紀元前九世紀、北イスラエル〔北王国〕のオムリ王朝アハブ王の時代である。オムリ王朝の時代に、北イスラエルは最高の繁栄を享受していた。おそらく、異邦人の傭兵出身であったと推定されるオムリ王は、北イスラエルにおいて、まるでダビデやソロ

モンのような人物である。オムリはサマリアに都を定めて、王権の基盤を固めた。彼は大々的に征服戦争を展開し、ユダヤとイスラエルの歴史においては稀に見るほど、領土を拡張したし、対外的交易にも力を注いだ。各地域勢力の独自の伝統が強く、複雑な勢力で入り乱れていた北イスラエルを統治するには、効果的な統治技術が必要であったため、彼が、早くから先進文明を享受していたフェニキア（シドン）と紐帯を結んで、その文物を導入したのは必然的であった。彼は、フェニキアの王女イゼベルを嫁として迎え入れて、フェニキアの勢力と紐帯を固めた。こうして、フェニキアの宗教であるバアル宗教が、イスラエルの内部に自然に流入したのである。バアル宗教の導入は、ソロモンがエジプトの宗教を受け容れるより遥かに容易であった。外来の宗教であったエジプトの宗教とは違い、一種の豊饒・多産の宗教であったバアル宗教は、ヤーウェ宗教以前にカナンに定着していた土着宗教として、すでにどのような形態でも、イスラエルの人々と近くにあったからである。

列王記に現れたエリヤの記憶は、大体二つの次元において、印象的な特徴を有している。一つは、バアル宗教との対決において現れた彼の面貌であり、他の一つは、サレプタの寡婦の説話において見ることができるように、民衆の日常的な苦しみの現実近くにある面貌である。一瞥すると、これら二つは全く異なるようであるが、実際、これら二つの面貌は、コインの両面と同じである。

バアル宗教と対決を繰り広げているエリヤを見て、われわれはよく、戦闘的護教論者を想起しやすい。エリヤが、カルメル山の頂上で、バアルの預言者たちと対決を繰り広げる場面を、聖書は劇的に伝えている。エリヤは、イスラエルの全ての民衆が見守るなかで、バアルの預言者四五〇人とアシェラの預言者四〇〇人を、カルメル山の頂上に呼び集めるのである。彼らは皆、フェニキアの王女イゼベルから禄を与えられて生きる宗教指導者たちであった。それに反し、ヤーウェ宗教の指導者たちは、イゼベルの虐殺で皆殺しされ、エリヤ一人だけが残っていた。エリヤは、寄辺《よるべ》なき孤独の身で、おおよそ千人近いバアル宗教の指導者たちと対決した。どのような神が真の神であるかを判別する対決であった。バアル宗教の指導者たちは、あらゆる手段と方法を講じて、自分たちの神を叫んだが、応答がなかった。それに対し、ヤーウェの神はエリヤの訴えに応えて、祭物を焼いた。この場面を目撃した民衆は、ヤーウェの神が真の神であることを悟り、バアルの預言者たちを、一人残らず殺した。そして、その間民衆を苦しめていた旱魃が終わり、恵みの雨が降った。この劇的な事件に現れたエリヤは、それこそ戦闘的な護教論者である。

しかし、エリヤは、単なる宗教的戦士ではなかった。バアルの宗教とヤハウェの宗教は、今日われわれが思い浮かべるように、初めから極端に対立関係にあったのではなかった。前述したように、すでにカナンの土着宗教として定着していたバアルの宗教は、どのような形態としてであれ、ヤーウェの宗教に、緊密なる影響を与えたのである。エリヤがバアルの宗教を剔抉《てっけつ》し、民衆の力をえてその司祭たちを皆殺しにしたのは、単なる宗教的対決ではなく、その宗教が代弁している、体制に対する挑戦を意味した。正しく、強力な王権体制に対する挑戦だったのである。バアル宗教の裁可を受けた強力な王権体制は、イスラエル内に、深刻な不平等と対立を引き起こしていた。エリヤは、まさに民衆を塗炭の苦しみに陥れている、その体制に挑戦したのである。

エリヤは、まさにその事件が起こる前に、イゼベルの意思に従って、バアル祭壇とアシェラの木像を作ったアハブ王に対し、自分が口を開くまでの数年間、イスラエルに大きな旱魃が襲うであろうと警告していた。王の政策を正面切って批判したのであるから、彼の命が安全なはずがなかった。結局、エリヤは洞窟に難を避ける身の上にならねばならなかった。その場所は、彼が一生涯立っていた場所が、どういうところであるかを示唆している。彼が、華麗な王宮で、王に対して聞こえのよい助言をする立場を守ることよりも、苦難にある民衆の立場に移ったことを意味する。朝夕に、食べ物を運んできてくれる鴉のお蔭で、エリヤはやっと命をつないだといわれる。それは、腹一杯食べることのできない民衆の間で生きていた、エリヤの姿を物語っている。

しかし、それも限界に至った。旱魃で塗炭の苦しみに陥っている民衆は、これ以上食べ物を求めることができなかった。まさにその場に、エリヤは登場するのである。シドン、すなわちフェニキア地方サレプタ村の寡婦の説話は、その現場を劇的に伝えている。最も豊穣なるフェニキアにおいて、飢餓に打ち拉がれている寡婦は、まさに当時の時代相を集約しているのである。豊穣のなかの貧困である。しかし、食べ物といえば、小麦粉一握りほどと、油数滴しか残されていない寡婦の家で、奇跡が起こった。寡婦とその息子の最後の食糧をなくさせたエリヤは、恥知らずの宗教指導者ではなかった。エリヤは、その寡婦の米びつに、二度と小麦粉がなくならず、瓶には油が切れることのない奇跡を起こした。数日後、病で亡くなった息子も、エリヤの叫びで再び蘇った。古代的な民話形式で伝えられたこの説話は、当時の民衆が、エリヤをどのように記憶しているかを物語っている。エリヤは、そのように苦しみに打ち拉がれている民衆の、最後に残された、唯一の希望だったのである。彼らに苦しみをもたらしたのは、自然の災害ではなく、豊穣と繁栄を謳歌していた、王権体制が作り出した社会的飢餓であった。エリヤは、その苦しみから民衆を解放させる、真の希望であった。

当時の王権体制の問題は、アハブ王が主人公として登場する、ナボトのぶどう畑事件（注5）においても、明白に現れている（列王記、二一・一～二九）。この説話は、イスラエルにおいては、当然許されえない土地の私有化が、新しい王権体制において、何憚ることなく行われている前例を示しているものである。エリヤは、まさに、そのような体制の不義を一切許すことのできなかった、火のような預言者であった。彼は、独りの力でバアルの司祭たちを退けたのではなかった。エリヤの怒りは、すなわち塗炭に陥っている民衆の怒りであり、それだからこそ、民衆はエリヤとともに、バアルの司祭たちを凄惨に懲らしめたのである。

失敗した理想主義者、メシアの表象

しかし、その事件のために、エリヤは命の危険にさらされてしまう。彼は劇的な勝利を収めたが、自身が抵抗していた王権体制を、倒すことはできなかったのである。かえって追われる身となった彼は、むしろ、今では死ぬ方が増しだと絶望する。神の義を行うといったが、彼に残されたのは、苦しみだけであった。おそらく、エリヤはこの頃から、実際、歴史の舞台から消えたのかも知れない。

しかし、エリヤに対する記憶は、ここで転換点に到る。彼は最後まで挫折せず、神の山シナイ（ホレブ）山に到達するのである。おそらく、彼はそこで、神との劇的な出会いを期待したのであろう。それはまた、骨身に沁みる挫折を経験した民衆の夢でもあった。天地が開闢《かいびゃく》するかのような騒乱が起こったが、その瞬間にも、エリヤは神を見ることはできない。しかし、意外にも静かな声を通じてエリヤは神に出会うのである。かすかな声を通じて、自らを表される神、それは、塗炭の奈落を経験した民衆のなかで出会う神である。成功と勝利の陶酔感においてではなく、失敗と挫折の真っ只中において出会う神である。ここで再び、エリヤは歴史の現場に足を向けるのである。

あたかも、十字架の死と復活の前兆にも似た場面である。民衆は、自分たちとともにいたエリヤを、そのように記憶しているのである。そして彼は、最後まで死に至ることなく、兵車に乗って天に昇ったという信仰を生んだ。預言書の最後であるマラキ書（マラキ書四・五〜六）は、メシアの表象として、エリヤを記憶している。民衆のその記憶を反映しているかのように、バプテスマのヨハネは、エリヤのイメージを再演している。バプテスマのヨハネは、律法を守ることもできず、贖罪の捧げ物さえ捧げることができなかった民衆に、洗礼をもって罪の赦しを宣布した。まさに、そのようなバプテスマのヨハネを、エリヤのような預言者と称したのは、民衆の粘り強い熱望を物語っている。イエスがエリヤとして認識されていたことも同様である。苦難に遭う人々に、最も近くまでいって、彼らを愛した人は、決して死ぬことはないのである。彼らのなかに、そのように生き残るのである。

記念碑ではなく、生き生きした生き方

権力の座にある指導者たちは、常に自身の時代に、何か目立つ成果をえようとする。そして、それを自身の記念碑にしようとする。独裁者で、雄壮なる建造物の一つや二つ残さない場合などないのである。そのことは、自身の偉大なる栄光を当代に享受しようとした、すべての指導者たちの態度を象徴的に示している。しかし、そのように眼前に見える成果に重きを置く指導者は、いつも忙《せわ》しく急ぐため、多くのことを失ってしまうこともある。何よりも、万事の根源である人間の問題それ自体を等閑《なおざり》にするのである。そのような指導者のもとにいる人々は、いつも動員の対象になるだけで、自分の生き方の主人公にはなりえない。すべての栄光は、指導者に帰されるだけで、名もなく働いた人々の苦労は遮られるのである。

それで、真の偉大なる指導者が待たれるのである。人間の心を捉える指導者が、である。すぐに眼前の成果を優先させるよりも、一人ひとりの人間の苦しみを理解して、人間が中心となる世界に対する夢を忘れない指導者であってこそ、人間の心を捉えることができるのである。そのよ

うな指導者は、いつも人々の心のなかに生きているのである。エリヤがそうであるように、死ぬことなく生きているのである。成功した指導者李承晩より、失敗した指導者金九先生が偉大なのも、そのためである。

筆者は、わが国が、世界で最も美しい国になることを願っている。最も富強なる国になることを願っているのではない。わたしが他者の侵略に心を痛めたのであるから、わが国が他を侵略することを願いはしない。われわれの富の力は、われわれの生活を足りるものにし、われわれの強い力というものは、他の侵略を防ぐことができれば十分である。ひとえに限りなく手に入れたいものは、高い文化の力である。文化の力は、われわれ自身を幸福にし、そのうえ、他者に幸福を与えるからである。今日、人類に足りないものは、武力でもなければ、経済力でもない。自然科学の力は、どんなに多くてもよいが、人類全体から見ると、現在の自然科学だけを持ってしても、平安に生きていくのに十分である。

人類が現在不幸である根本原因は、仁義が不足しており、慈悲が不足しており、愛が不足しているからである。この心が発達しさえすれば、現在の物質力だけで、二〇億が皆平安に生きていくことができるであろう。人類のこの精神を培養するのは、ひとえに文化のみである。わたしは、わが国が他国のものを模倣する国になるのではなく、このような、高く新しい文化の根源になり、目標になり、模範となることを願うものである。そして、真の世界平和が、わが国におい

て、わが国によって、世界に実現されることを願う。〔金九の『白凡日誌』、〔国史院《グクサウオン》、一九四七年〕より引用〕

ひたむきに、このような心で夢見る指導者を、現実においては決して期待できないのであろうか。

五、魂を目覚めさせた指導者

ヨシヤ（列王記下二二章一節〜二三章三〇節）

失敗した歴史、成功した歴史

一九八〇年代の中頃以後より、絶えず世間の関心を呼び起こしている書がある。韓国の上古史を記録した書として知られている、『桓檀古記《ホアンダンコギ》』である。その翻訳本だけでも一〇冊を超えており、販売部数は、おおよそ百万冊を超えるといわれている。この書が、かくも熱い関心を呼び起こしている理由は、どこにあるのだろうか。それは、失われた韓国の歴史に対する関心のためであろう。『三聖記《サムソンギ》』、『檀君世紀《ダングンセギ》』、『北夫餘記《ブクブヨギ》』、『太白逸史《デベクイルサ》』を一冊に合わせたこの書は、よく教科書では学びえなかった、韓国の上古代に関する記録で、われわれが知りえなかった雄大な韓国の上古史を教えてくれて、人々の熱い関心を引いている。われわれは、よく〈五千年の悠久なる歴史〉を口癖のようにいうが、実際に比較的明確に分かっている歴史は、二千年余ぐらいである。半分以上になるそれ以前の歴史については、かすかに推測する程度であり、それさえも、歴史的な確実性を信じ難い神話として分かっているだけである。しかしこの書は、五千年ではなく、一万年の歴史をこと細かく記録している。

失敗した歴史なのか、成功した歴史なのかは、歴史的記録に左右される。これは、歴史の成功如何《いかん》が、事実としての歴史それ自体よりも事実を解釈する眼目にあるという意味である。その点において、韓国の歴史は、失敗した歴史に近い。五千年というけれども、せいぜいのところ二千年、それも中国辺境地方の歴史として記憶されているからである。その失敗の原因は、ほかでもなく、まさに、韓国の歴史の記録が、貧弱であるというところにある。今日われわれが知っている、最古の歴史書は、『三国史記《サムグクサギ》』である。韓国の歴史は、史実上『三国史記』の限界内に留まっている。それとは異なる視角の『三国遺史《サムグクユサ》』があるが、それもやはり、『三国史記』の限界内で、補助的な意味を有するにすぎない。その貧弱なる歴史の記録が、われわれ自らを辺境に閉じ込めているという点において、韓国の歴史は失敗した歴史である。成功した歴史になるか、依然閉鎖的で自足的な垣根の内に留まる失敗の歴史を持続させるのかは、今日の時点で、過去の歴史をどう解釈するかにかかっている。今日の時点から、過ぎ去った過去をどのように理解し、未来をどのように迎えるかを問うのが、歴史を記録することの意味である。したがって、過ぎ去った歴史を記録することは、単純に固陋なる過去の事実を集め置く行為であるというより、意味を見出そうとする行為であり、夢を描く行為である。これまで知られていなかった、雄大な上古史に驚き、それに熱狂的な関心を寄せることは、過去の栄光に対する執着ではなく、雄大なる未来の夢を描くことと関連する。

いうまでもなく、『桓檀古記』が、果たして歴史書として、信憑性があるのか否かという論難は、後を断たない。いわゆる講壇の歴史学者たちは、『桓檀古記』を、ほとんど全的に排斥してしまっているのに対し、在野の歴史学者たちは、それを確固不動なる歴史的真実として信じているのである。そのように、両極端の見解が存在している。それを排斥している理由は、出処が疑わしいという点と合わせて、その内容が、歴史であるというよりも、宗教的経典ないし神話に近いという点のためである。それに反し、それを受容する理由は、その書が、日帝の植民史観の残滓を克服しうる、歴史的根拠になりうるという点のためである。三国〔高句麗、新羅、百済〕以前の歴史を神話としてのみ記録していた、いわゆる〈『三国史記』初期歴史不信論〉を超えうる確実な根拠が、提示されたということである。『桓檀古記』にある内容が、どれほど歴史的に信憑性があるのか、その可否に対する判断は、専門家たちの役目であろう。しかし、はっきりしていることは、その歴史を記録したのには、明白な意味があるということである。叙述年代がそれぞれ異なる四冊の書を一冊に編集した『桓檀古記』は、それ自体、明確な一九一〇年代の歴史観を示している。韓国の歴史が〈辺境〉の歴史ではないということは、列強の角逐のために存亡の危機に置かれた現実から脱しようとする、強力な意志の表現であった。果たして歴史であるのか神話であるのかという、重要な論難材料ではないのである。失敗した歴史を成功した歴史に立て直そうとする、その意思が重要なのである。

聖書は、イスラエルの歴史であり、また神話である。歴史か神話かを判別することが、あたかも真実性如何を決定づけるものであるかのように見る見解もあるが、聖書の場合にも、その点は重要なのではない。その意味が重要なだけである。歴史的事実という側面において、聖書の歴史、すなわちイスラエルの歴史は、極めて貧弱である。実際、失敗の歴史である。しかし、また異なる面において、イスラエルの歴史は成功した歴史でもある。失敗したイスラエルの歴史が、成功した歴史になりうる理由は、まさしく聖書という偉大な遺産のためである。歴史の意味を記録した聖書ゆえに、イスラエルの歴史は、失敗の歴史として残るのではなく、世界歴史のなかに、最も聳え立った、成功の歴史に反転したのである。失敗を成功に反転させた転換の岐路に、ヨシヤという人物が立っている。

民族の熱狂

聖書は、イスラエルの歴史を、一つの荘厳なる叙事として描いている。イスラエル民族の祖先アブラハムは、当代世界最高の文明の中心地、メソポタミアのウルから、歴史の第一歩を歩き始めている。新天地を求めて歩み始めたアブラハムは、シリアのハランを経てカナンに到り、ここからエジプトに向かっていたが、再びカナンに定着した。その後、イスラエル民族は栄えていたが、カナン地域に飢饉が発生すると、大挙してエジプトに移動した。そこでも、イスラエル民族は栄え、そのなかで、ヨセフはエジプトの宰相の地位にまでなるのである。しかし、ヨセフを知りえないファラオの登場で、イスラエル民族は迫害され、大脱出を敢行する。いわゆる出エジプトであった。四〇余年の大長程を経たイスラエル民族は、祖先の故郷カナンに定着して、新しい国家を建設する。その国は、二〇〇年余の士師の時代を経て、統一王国をなし、ダビデ王ソロモン王に至って、その絶頂に達する。しかし、不幸にも、統一王国は北イスラエルと南ユダに分裂し、北イスラエルはアッシリアに、南ユダはバビロンに滅ぼされてしまう。

聖書は、その歴史を、単なる事実として記録するのではなく、一民族、さらには、人間に対する神の救済の歴史として記録している。出エジプトの大長程、ダビデとソロモンの栄光など、われわれが認識しているイスラエルの歴史は、極めて荘厳である。しかし、実際のイスラエルの歴史が、そのように荘厳であったわけではない。古代近東の大帝国の狭間にある極めて小さな国、小さな民族の歴史にすぎない。聖書に登場する歴史的事件のなかで、多くの場合は当代の周辺大帝国の歴史には、全く登場しないのである。それは、大帝国には、辺境小国の事件は、事実上何の意味も有しなかったことを物語るのである。イスラエルにとっては、生死の分かれ道を決定づける重大事であったが、大帝国にとっては、何でもない事件だったのである。しかし、今日われわれは、当時の世界を制覇していた大帝国の歴史よりも辺境の小国イスラエルの歴史を、もっとはっきりと記憶している。その理由は、聖書、すなわち記録された歴史としての聖書のゆえである。記録された歴史としての聖書の偉大性は、その意味とその精神にある。一民族に向けられた、人間に向けられた、神の救済の手を示してくれている意味にある。換言すれば、解放を切に求める民族の意志、自由を切望する人間の意志でもある。その如何なる民族であれ、その如何なる人間であれ、例外なくその解放と自由を切望するという普遍的な精神が、聖書を偉大にし、その聖書に記録された歴史を偉大にしたのである。他民族にとっては微々たる事件にすぎなかったであろう事件が、荘厳なる事件としてわれわれに迫ってくるのは、聖書に記録されたイスラエルの歴史が、その精神を劇的に形象化するのに成功したからである。当代の歴史において、成功を収めた大帝国の栄光よりも、小さな民族の羞恥と苦難が、逆に栄光になるのもこのためである。

魂を目覚めさせた改革君主のヨシヤ

ヨシヤという人物に特に注目する理由は、まさに彼こそが、聖書の偉大なる精神を形成するのに基礎を築いた人物だからである。ヨシヤ王は、滅亡直前、ユダの最後の花火を上げた王で、イスラエルの歴史において、ダビデ－ソロモンの栄光を再現しようとした王として記憶されている。しかし、実際の歴史において、ヨシヤ王は、ダビデ－ソロモン王の栄光を再現しようとしたというよりは、ダビデ－ソロモン王の栄光を作り出した張本人に近い。ダビデ王とソロモン王当時に形成されたものとして知られた多くのことが、実際は、ヨシヤ王の時代になされたものとして推定されているという点において、そうである。統一王国の版図や、国家制度の相当部分は、事実上、ダビデ王とソロモン王当時の状況よりも、ヨシヤ王当時に符合するのである。ヨシヤ王がなそうとした民族の栄光が、逆にダビデ－ソロモン王の時代に投影されて、統一国家の太平御代《みよ》の理想を描かせたのである。それだけでなく、イスラエル民族の形成において、最大の事件である出エジプト事件と、その指導者モーセの栄光さえも、ヨシヤ王の時代に念願していた民族の栄光が、一定部分投影されたのである。ヘブライ民族の出エジプト事件は、エジプトの歴史においては、その実態を確認することは困難である。しかし、聖書においては、最も劇的な事件として記録されている。それは、当時近東唯一の大帝国エジプトの覇権と圧迫から解放されようとしていた、ヨシヤ王時代の熱望が反映された結果である。民族的自主性と、信仰的アイデンティティーを回復しようとしていたその熱望が、過去の歴史を再解釈するようにしたのである。

王たちに対する聖書の評価は、極めて苛酷である。北イスラエルの王たちに対しては、例外なく否定的な評価を下している。反面、南ユダの王たちに対しては、時には否定的に、時には肯定的に評価している。ところが、そのなかで、ダビデ王とソロモン王を除いては、極めて異例に激賞されている王が、二人いる。ヒゼキヤ王とヨシヤ王である。ヒゼキヤ王は、〈ユダの王のなかで、前にも後にも、それくらいの王はいなかった（列王記下一八・五）〉と評価されるほどである。ヨシヤ王もまた、「主の目にかなう正しいことを行い、父祖ダビデの道をそのまま歩み、右にも左にもそれなかった」（列王記下二二・二）と評価されている。これら二人の王がそのような評価を受けたのは、彼らが聖書のユダ王国中心の歴史観を形成する、改革の真っ只中に立っていたからである。

いつも周辺強大国の封臣国《ボンシングク》の地位を脱することが困難であったユダにおいて、ヒゼキヤ王は、民族主義的な独自路線を追い求めた。その民族主義的政策には、当時の国際情勢が大きく働いていた。すでに、ユダ国内にも、深く影響力を行使して（列王記下一六章）、北イスラエルまで滅亡させていたアッシリアは、ヒゼキヤが即位していくらも経たないうちに、方々で起こる反乱に苦しめられる。当時アッシリア王サルゴン二世は、反乱鎮圧に余念がなかった。このような情勢変化は、ヒゼキヤ王に、好機を与えてくれた。彼は、反アッシリア政策を展開して、すでに滅亡した北イスラエル地域に対する影響力を行使するだけでなく、周辺のペリシテの国々まで、相当部分平定することができた。合わせて、ヒゼキヤは、その安定を基盤にして、内政改革を図るのである。しかし、ヒゼキヤの改革は、暗礁に乗り上げることになる。アッシリアの内部反乱が平定されると、サルゴン二世の後を継いだセンナケリブが、ユダに侵攻してきたのである。ヒゼキヤ王は、止むなく国庫を全てはたいて、アッシリアに朝貢し、封臣の国になると誓った。力の秩序が支配している現実において、再び弱小国の悲哀を確認したのである。

　ヒゼキヤ王の改革が挫折した後、アナセ王の時代に、ユダは最も激しく、外国勢力の影響下に置かれるようになる。アッシリアは、影響力を拡大しただけでなく、エジプトも再起して、カナン地域に対する、影響力拡張を企てていた。アナセは、ヒゼキヤ王の民族主義的な改革路線についていけず、結局、アッシリアの忠実な封臣になる道を選んだ。彼は、南北の王国をひっくるめて、最も長期間統治した。合わせて、強大国の忠実な封臣国を自任していたため、政治的・経済的安定と繁栄をなしてもいた。それにもかかわらず、聖書は、ただの一章で彼の治績を記録しているだけでなく、ユダ王国の滅亡原因も、彼の責任として記録している。ここに、歴史を評価する、聖書の真面目がある。いかに政治的・経済的安定をなしたとしても、民族的自尊と、信仰のアイデンティティーを毀損した王に対しては、苛酷な評価を下しているのに対し、ことによると、失敗した改革君主にすぎないが、民族的自尊と信仰のアイデンティティーを高揚させようとしたヒゼキヤ王と、ヨシヤ王に対しては、聖君として高く評価しているのが、聖書の眼目である。

そのように、民族的自尊心を放擲《ほうてき》してしまったマナセ王権の次に続く、アモン王の二年間の統治は、国家の混乱を一層加重させた。その混乱の状況において、ユダの改革勢力は、新しい転機を迎える。アモンを廃位にし、八歳のヨシヤを王に即位させたのである。ヨシヤ王を即位させた改革勢力は、〈地の人々〉として知られている。彼らが、地主を意味しているのか、自作農を意味しているのかについては確実でないが、農民層と関連のある勢力であり、ヒゼキヤ王の改革を支持していた勢力と、同じ性向の人たちであるということは明らかである。マナセの反動の時期を経る間、広範な離脱勢力が生まれた。当然、保守的な司祭・貴族勢力さえも、進歩的性向を帯びざるをえなかった。その状況を勘案すると、ヨシヤ時代の改革勢力は、ヒゼキヤの時代より、遥かに広範であった。実際に三一年間ユダを統治したヨシヤ王が、政治的主導権を掌握する頃に至って、ヨシヤ王の側近には、多くの改革勢力が、占めるようになり（列王記下二二・三以下）、ヨシヤ王は、その改革勢力を領導した。

ヨシヤ王は、国家の体制を再整備し、何よりも、民族的アイデンティティーが明確な国家政策を実現していく。民族精神の求心点である神殿を補修し、国家の財政を透明に管理するよう、税制を改革し、国家の人材を効率的に管理した。異教の祭壇を撤去し、ユダの民族精神を剥ぎ取る精神文化を改革した。イスラエル民族がエジプトを脱出したことを記念する、最大の祝日過越祭を守るようにしたのは、その内政改革の核心に該当した。ヨシヤは、このような内政改革と合わせて、ユダ独自の主権を回復しようとする政策を推進する。そのような改革政策を推進するのには、国際的情勢もまた有利であった。アッシリアが滅亡の兆しを見せていたし、エジプトも、内部体制の整備に入った状況であった。ついに、バビロニアの登場で、ユダ改革最大妨害国のアッシリアが滅亡すると、ヨシヤの改革政策は、坦々たる大道を求めるように見えた。しかし、内部体制の整備を終えたエジプトは、アッシリアの崩壊に乗じて、カナン地域の宗主権を回復しようとした。ヨシヤ王は、これに立ち向かうために、メギドの山道でエジプトを迎え撃った。しかし、彼は戦闘中に戦死してしまう。攻撃勢力は、ヨシヤ王の改革を持続すべく、その子ヨアハズを擁立したが、エジプト王ネコは彼を廃位させて、その異母兄ヨヤキムを即位させ（歴代誌下三六・一〜四）、傀儡政権にしてしまう。結局ヒゼキヤ王の改革失敗に続いて、ヨシヤ王の改革まで、外国勢力の荒波に巻き込まれて座礁してしまう。そのようにして、イスラエル民族史の最後の火花は収まり、やっと延命を保っていたユダは、バビロニアの強い力の前に膝を屈する。

失敗した指導者、しかし成功した指導者

改革勢力を合わせうる領導力と、情勢を読み取りうる目を持っていたヨシヤ王であったが、彼も、結局強大国エジプトの暴風の前に消えてしまった。イスラエルの民族史において、彼が担っ

た役割を冷静に評価するとすれば、彼もやはり、挫折した君主にすぎない。われわれは彼の失敗を通じて、現実を支配する力の論理をもう一度確認する。いかに努力しても、どうしようもなく挫折するほかない、冷酷な現実である。その点において、ヨシヤ王、そして、彼がそのように建てようとしたが、ついには挫折してしまったイスラエルの民族史は、いつも挫折の苦汁をなめながら生きていくすべての人、すべての民族の典型である。個人的な能力がありながら、出身の背景が見すぼらしいために、挫折するほかない人たちの典型であると見ると、もっと惨憺たることになるだろうか。アメリカに生まれていれば、大きく一儲けしたであろうが、アジアの辺境韓国で生まれたために、挫折の痛みを繰り返し感じながら生きなければならないのだと考えると、一層悲惨になるのだろうか。

しかし、歴史は決してヨシヤ王を、失敗した王として記憶してはいない。そのことは、何を意味するのだろうか。一言でいうと、彼は魂を目覚めさせる指導者であった。彼は、現実的には失敗したが、末永く残るであろう精神の遺産を残した指導者であった。現実的に失敗したゆえに生まれた無謀な精神ではなく、現実的に失敗したゆえに、かえってその価値が輝く精神である。自由の魂、それは民族主義という器にのみ限定されるものではないのである。明らかに、ヨシヤが追求していた改革政策は、非常に濃厚な民族主義的色彩を帯びていた。しかし、それは時代的形式であるだけで、自主と自由を追求していた精神は、全ての人間にとって切実な価値である。彼が、その精神を目覚めさせた指導者として、まさに、そのような意味において、成功した指導者として記憶されているのは、彼が推進した改革政策の核心にこそ、その精神が占めているからである。

ヨシヤの改革政策の精神的原動力は、〈律法〉の回復と緊密に関連している。ヨシヤ王は、神殿修理中に、今日〈原申命記（注6）〉と称される律法書を発見する。聖書のある伝承は、この書の発見で、ヨシヤ王の改革政策が触発されたものと伝えているかと思えば（列王記下二二・八～二三・三）、また他の伝承は、改革政策の進行過程で発見されたものとして伝えている（歴代誌下三四・一〇～一九）。どちらが事実に近いかは断定し難いが、改革政策の進行過程において発見されたと見るのが、より蓋然性がある。しかし、ヨシヤ王の改革政策が、律法精神の回復と緊密に関連しているという点は、どの伝承に従おうとも変わらない。特に、原申命記と称されるその律法書は、強力な唯一神信仰を強調して、イスラエル民族と神との契約関係を強調する内容を骨格としている。同時に、それは、今日まで伝えられている聖書の骨格を形成している内容でもある。その原申命記が、正確にどの時点で記録されたかは知りえないが、紀元前七世紀イスラエル民族の世界観を形成する根幹になったことは明らかである。その世界観が、今日の聖書を誕生させたのである。今日、雄荘な大叙事として、救済史を伝えている聖書は、そのようにして形成されたのであり、その途方もない精神的偉業の真っ只中に、ヨシヤ王がいたのである。たとい、歴史の現場においては挫折をなめるほかなかったが、彼が振作させていた精神、彼が目覚めさせていた魂は、今日に至るまでも、世界の多くの人々を目覚めさせる精神として生きている。

今日、韓国民族は、偉大な夢を夢見ている。南側は〈東北アジアの中心国家〉を志向し、北側は〈強盛大国〉を志向している。その夢が、極めて現実的な〈物流中心〉を志向することであったり、また他のある種の現実的目標に制限されるとすれば、われわれはその夢を、敢えて偉大であるといいうるだろうか。われわれが、魂を目覚めさせた指導者として、ヨシヤ王に注目するのは、彼が、現実を超越した熱望を抱いていたからである。

注1　アラム人：メソポタミアの出身で、そこから南西方面に移住したセム族の一派をいい、アラム語は、長い間古代近東地域の公用語として使用された。

注2　歴史信条：主が与えられる土地から取られるあらゆる地の実りの初物を取って籠に入れて神に供えるときの告白で、カナンの地に到るまでのイスラエル民族の旅程を、歴史的に回想する形式をとっていることから〈歴史信条〉という（申命記：二六：五～一〇）。

注3　自由民共同体（部族同盟体）：イスラエル民族の起源に関しては、様々な仮説があるが、一般に、出エジプト直後から王朝が樹立されるまでの二〇〇年余間のイスラエルを自由民共同体という。

注4　黙示文学：紀元前二世紀に発展し、初期のキリスト教にも大きな影響を与えた、信仰的・歴史的世界理解の一形態で、〈旧時代〉と〈新時代〉の徹底した断絶を強調し、新しい世界

における救済の希望を、強く表現している。

注5　ナボトのぶどう畑事件：列王記二一章一～二九節に出てくる説話で、イスラエル王アハブがナボトのブドウ畑を、不当に奪った事件をいう。

注6　原申命記：今日聖書に伝えられている申命記の前段階に該当する書と推定される律法書をいう。

第二章　深読みすれば見える真実

一、持てるものなき人の知恵

ヤコブ（創世記二五章一九節〜三五章二九節）

誰も二番手は憶えない？

一時、各種メディアの広告面を飾った文句があった。「誰も二番手は憶えないのだ」。いうまでもなく、自社製品が最高であるということを主張するための、戦略から出たものである。その広告のシリーズは、製品自体に対する説明よりも、一番と二番の運命がゆき違った歴史的事例を適切に提示することによって、人々に強い印象を与えた。その広告文が、人々に強烈な印象を与えたのは、多分、人々が当然のように考えていることを、劇的に引き出して表現したというところにあろう。「そうだ、その通りだ！」、そのように容易に共感できる素材だったのである。

そうなのだ。今日の人々は、そのような価値を、一種の鉄則のようにして生きているのである。競争と効率が最優先視されている社会において、人々は、誰もが最高になりたいと思っている。最高になりたいという欲望は、〈なればよく、そうでなければ仕方のない〉ことではないのである。多くの場合、その目標は生存如何を決めたりもする。一番になれないと、職場生活をする人は、整理解雇の対象になりうるのである。企業を運営している場合であれば、破産の憂き目にも遭いうる。それで、今日を生きている人々は、早くから、一番になるために、刻苦の努力をしている。

「幸福は、成績順ではないではありませんか」という声は、教育現場の問題点を、しばらく考えさせる逸話にすぎず、学校の教育は、一番を作り出すための競争体制から容易に脱し切れないでいる。〈開かれた教育〉、〈開かれた学校〉を指向しながらも、数年前から、政府は、その現象を公然と認定しているかのように、教育行政の責任を担う部署の名称を、〈教育人的資源部〉〔文科省に相当〕と、堂々と旗揚げした。近代社会の教育自体が、啓蒙としての教育と、労働力の需給課程としての教育という、二重の性格を有していることは事実である。しかし、教育は、人間的価値を優先視するというのが通念である。それで、韓国の教育は、〈弘益人間〉、人間をひろく益するようにすることを目標にした。しかし、〈人的資源〉という概念を、教育課程に、ためらうことなく突きつけているのは、国家の競争力を最優先視するという発想からきている。学生を一人の人格体としてよりも、予備の労働力として見るという教育政策は、結局、競争と効率の価値を、教育現場にそのまま適用するということである。それゆえ、いかに教育現場の問題を解決するのだと努めても、基本が変わらないのであるから、改善されるはずがないのである。まさに、そのような現実において、韓国の全ての世代は、「誰も二番は憶えないのだ」という事実を、真実として受け容れ、内面化している。そして、その事実を、冷酷なる社会の現実において、身をもって確認しているのである。

　しかし、たったの一度でも、挫折の痛み、失敗の苦しみを経験した人ならば、どうであろう。ほとんどの人たちは、ただの一度ではなく、数多くの挫折と失敗の痛みを抱えて生きている。そのような場合であれば、どうだろうか。おそらく、より一層その事実が真実であるということを骨身に沁みて実感するであろう。それだからこそ、より一層一番になるために気を入れるのである。しかし、遺憾ながら、一番は限られているのである。希望通り、誰もが一番になれるとよいのだが、気を入れれば入れるほど、その障壁を超えることが難しいということを、確認するだけである。皆が一番になることを願っているが、誰もが一番になりえないのが現実である。

それにもかかわらず、一番にならなければならないという、強迫観念を抱えて生きていくとすれば、問題ではないか。〈一番主義〉が、普遍の価値を持とうとするならば、誰にでも、その可能性が開かれていなければならないであろう。しかし、そのような価値は、当初より、一番を除いては、誰も到達することのできない、現実の矛盾を抱えているのである。したがって、それに対する対案は、荒唐無稽な神話を信じて追うのではない、全く異なる方式と価値を追求するのでなければならないであろう。聖書の主人公ヤコブの物語は、その価値の転換を考えさせる糸口をわれわれに投げかけてくれている。

勝者ヤコブ

一般的に、人々は、既存の価値観を覆すよりも、既存の価値観を強化するやり方で、聖書の主人公ヤコブを憶えている。最も典型的な態度は、キリスト教徒の態度において垣間見ることができる。キリスト教徒の間には、人間に対する評価基準が一つある。いわゆる〈信仰の篤い〉人と、〈人間がいい〉人のなかで、〈信仰の篤い〉人を、羨望の対象にすることである。神との垂直的関係に忠直な人ならば、人間間の水平的関係に多少欠点があっても、関係ないといった態度である。このような価値観を形成するのに重要な役割をするのが、聖書のヤコブとエサウの説話である。父に認められ、神の祝福を受けたヤコブにとって、兄エサウとの不和は、そう大した問題ではないと見る視角である。〈祝福された〉ヤコブ、〈最終的勝者〉になったヤコブに焦点を合わせて、ヤコブとエサウの説話を読んで解釈している。

　通念上からすると、ヤコブは、公正なゲームの規則を、数限りなく違反している人物である。生まれるときから、兄エサウのかかとをつかんで出てきたかと思えば、詭計《きけい》をめぐらして、長子の特権を奪うのである。それだけでなく、そのことのために兄の怒りをかい、伯父の所に逃げ、奉公人暮らしの間にも、非正常的な方法で財産を築く。しかし、結果的に、ヤコブは神に認められ、イスラエル民族の正統系譜を継承する嫡子になる。〈イスラエル〉という名称自体が、神が授けた、ヤコブのもう一つの名であるという事実は、彼の比重を端的に物語っている。人々は、まさにそのことに注目する。彼が最終的に勝者になった事実に、注目するのである。「雉をとるのが鷹」、でなければ、「横這いしても都《ソウル》に着きさえすればよい」という真実を立証してくれる典型的な人物として、ヤコブを憶えるのである。人々に記憶されているヤコブは、一番としてのヤコブである。そのうえ、神に認められたという事実は、一番のヤコブが、信仰的にも、羨望の対象になるのに適していた。ここから、数限りなく便法をほしいままにしても、それで、人間関係において多少の欠点があっても、神から認められさえすればよいという、奇妙な基準が形成されたのである。

実際、そのような評価基準は、キリスト教徒の問題だけではない。キリスト教徒のそのような評価基準は、結果主義に執着する通念的な価値観が、そのままキリスト教信仰の論理のなかで、再現されたものにすぎない。過程に多少問題があるとしても、結果さえよければよいという価値観である。「汚く儲けて王侯のように暮らす」という俗諺《ぞくげん》が、一般通念を赤裸々に現しているとすれば、〈人のいい〉人よりは、〈信仰の篤い〉人を優先視する態度は、そのキリスト教的版本《はんぽん》であるわけである。これは、勝者の論理だけが正当化される、わが韓国社会の倫理不在の意識を端的に露呈している態度であるにすぎない。

正常社会の規則を破棄するヤコブ

ヤコブは、公正なゲーム規則に反しはしたが、結果的に勝利したゆえに、注目すべき人物ではないのである。結論からいえば、ヤコブは、皆が公正であると考えている、ゲームの規則自体を覆してしまったという点において、注目されなければならない人物である。ヤコブは、定められた少数だけが、一番の隊列に入れるように構造化されている、規則自体を破棄した人物である。したがって、われわれが注目すべきは、規則に反しているにもかかわらず勝者になった事実ではなく、その公正でない規則をどのように破棄し、新しい可能性を拓り開いていくかという点である。倫理的には問題があるにもかかわらず、信仰的には認められる存在、悪戦苦闘の末に、願っている目的を成就した、立志伝的人物のヤコブではなく、競争をしなければ生き残れない、生の法則を否定して、新しい倫理と、新しい生の方式を追求した人物としてのヤコブを、憶えなければならない。

聖書は、ヤコブが神から認められる決定的な契機を、実に劇的に伝えている。長子の特権を奪って、兄の怒りをかったヤコブは、一時逃げていた伯父の家での生活を終え、兄と和解するために、故郷の家に帰る途中であった。ヤコブは、兄エサウに会う一日前、ヤボク川の渡しに到ると、まず家族と一行を渡してしまうと、独り後に残った。ところが、夜中に何者かが現れ、ヤコブと格闘する。夜明けまで格闘するが、その人はヤコブに勝てないと見て、ヤコブの腿の関節を打って、力を使えないようにした。しかし、ヤコブは、その人がどのような存在であるかを知ったからか、彼を掴んで離さず、祝福して欲しいとせがんだ。ここでヤコブは、〈かかとをつかむ〉、すなわち〈騙す〉という意味の名に変えて、新しい名が与えられる。〈イスラエル〉すなわち〈神と闘う〉または〈神よ治めたまえ〉という意味を持つ名である。この新しい名を与えられたヤコブは、自身と格闘した神的存在の名前を尋ねるが、神は名前を明らかにする代わりに、ヤコブをその場で祝福するのである。このことを経験したヤコブは、自身が、顔と顔を合わせて神を見たのに、なお生きていることを驚異に思い、その事件の場所を、〈神の顔〉という意味の〈ペヌエル〉と名づける。この説話は、ヤコブが祝福を享受するようになる、決定的な契機を劇的に伝えている。その事件は、ヤコブの生き方に対する、神の決定的な裁可であり、承認であった。そうだとすれば、一体ヤコブの〈どのような生き方〉を、神は承認し裁可したのであろうか。この問いに対する答えが、われわれが常識的に理解しているヤコブの生き方とは違って、新しく照明しなければならないヤコブの生き方である。

われわれはまず、ヤコブが〈次男〉であるという事実に注目しなければならない。一番目ではなく、二番目ということである。双子とはいえ、たったの一秒だけ遅れて生まれても、弟になるほかないのである。しかし、そのようにして決定された運命は、単純な事件ではないのである。長子を中心に、家父長的位階秩序が確固として定着している家族関係、社会関係のなかで、それは決定的な違いを現す。長子が既得権を意味するとすれば、二番目の次男は喪失を意味する。長子は、どのような場合でも、当然のように優先視される。しかし、二番手は、ひとりでに認められる存在ではない。自らが血の滲むような要求と主張をしなければならず、またそれに相応する努力をしなければ、認められることはないのである。ヤコブとエサウの説話において、ヤコブが取っている行動様式は、まさにこのような条件からきているのである。

ヤコブは、二番目に生まれただけでなく、その性格の面においても、エサウとは対照をなしている。エサウは巧みな狩人で野の人となり、ヤコブは穏やかな人で、主に天幕の周りで働いたという。また、兄エサウは父に愛され、弟ヤコブは母に愛された。この対比は、男性と女性の対比を意味することでもある。兄エサウが、筋肉質の男性的な力を象徴するとすれば、弟ヤコブは、か弱い女性の繊細さを象徴する。男性と女性の違い、それもまた、一番目と二番目の違いと同じように、決定的な意味を持つのである。今日においても、男性と女性の差異は深刻であるのだから、古代社会においてはどうであったのだろうかを、改めて問うことは無駄な言辞である。南米のある国で、一日を〈禁男の日〉と定め、その日の夜には、どんな男であっても一切街に出ないようにしたという。すると、その日の夜の街は、〈女性たちの解放地区〉となり、祝祭の広場になったという。そして、数日後には逆に、〈禁女の夜〉を定め、やはり女性たちを一切街に出られないようにしたという。その日の夜は、それこそ〈ひんやりした〉街に冷たい風がヒューンと吹いたという。女性のいない街に、男性たちが出かけるはずがない。このことは、現存する男性中心の社会秩序とそれに合わせられた日常の生活が、男性にとっては遥かに都合がよいのに対し、女性にとっては当然でないことを雄弁に示している。それだから、女性たちは、その日常を脱することのできる特別の機会、いわゆる〈非正常的な〉機会を享受したいと思うのである。エサウとヤコブに代弁される男性性と女性性は、そのような差異を意味しているのである。男性は、既得権を表していると同時に、いわゆる正常な秩序、正常な方法を表しているのに対し、女性は、喪失を表すと同時に、いわゆる正常な社会からの逸脱を表している。

〈かかとをつかんで〉すがりつくほかなく、正常な目から見ると〈騙す〉行為をするほかなかった経緯が、ここにあるのである。それ以後、ヤコブの行動は、継続してそのような脈絡でなされる。兄エサウは、定住したまま自身の座を守っているが、ヤコブは、故郷を脱して異郷の地にいくしかなかった。〈逸脱〉であり、〈脱走〉である。異教の地の伯父の家でも、似たような状況は続くのである。伯父ラバンの家で働いている間、ヤコブは、ラバンの二番目の娘ラケルを愛するようになる。ラケルをえるために、ヤコブは七年もの間一所懸命働くが、結果は願った通りではなかった。二番目が一番目より先に結婚することはできないという慣習のため、祝宴の夜になると、先に一番目の娘レアのところに入らざるをえなかった。もちろん、ヤコブは、その事実を知らないままであった。後になってその事実を知ったヤコブは、本当に愛している人をえるために、さらに七年もの間、もっと働かなければならなかった。一番目を愛していれば、七年で足りたものを、二番目を愛したがゆえに、七年間もっと働いたわけである。

二人の妻をえて、子供ができた後にも、ヤコブが通らなければならない関門は、まだ残っていた。今や、これでその間苦労した代価を受け取って、故郷に帰りたいと思うのが、ヤコブの心情であった。しかし、伯父のラバンは、あれやこれやと考えた末に、その代価を受け取る方法を、ヤコブが決めるようにして、これからはその方法を取るようにしようという、巧妙な提案をするのである。どんな手を使っても、やすやすとは送り出しはしないという、既得権者の〈賢明なる〉提案である。仕方なく、ヤコブはその提案に従うのである。しかし、今や、ヤコブもやすやすとやられてばかりはいない。まだらとぶちの山羊だけを自身の取り分にするとしておいて、一種の古代版〈遺伝子工学〉を動員して、丈夫なまだらとぶちの山羊を量産するのである。丈夫な山羊が交尾するときには、白い水肌の縞の枝を目につくようにして、まだらとぶちの山羊を生むようにし、弱い山羊が交尾するときには、その枝を置かないで、まだらのない山羊を生むようにするのである。科学的に立証することは困難な、難しい説話であるが、自身に相応した代価を、正常に支払おうとしない伯父の意図を巧妙に利用する、〈非正常的〉方法である。既存の秩序においては、やられるほかない弱者が発揮しうる知恵である。まるで、兄から長子の権利を奪うときと同じように、既得権者の意図を逆に利用する巧妙な知恵で、勝利を収めたのである。ヤコブは、長子は筋肉質の野性的男性でなければならないという観念を、そのまま罠にして覆し、こうすれば、お前が抜け出す道などないだろうという、伯父の考えもそのまま罠にして、状況を逆転させるのである。ヤコブは、このように一貫して、かかとをつかむ戦略を選ぶのである。

弱者の知恵

そのヤコブが、神と格闘し、一計をもっと加えて、勝ちまで収めた。それだけではない。祝福の確約まで手に入れるのである。その事件は、それまでヤコブが生きてきた生き方に対する抗弁であり、その抗弁が、正当であると認定される過程を、劇的に集約して示しているのである。神と格闘したということは、「神は、本当に一番目たちの神であるだけですか。この世ですべてのものを享受している彼らにだけ、幸福を下される神ですか」と、抗弁していることを物語っている。換言すれば、「わたしのように、二番目に生まれて、弱者として生きていく者は、いつもやられてばかりいなければならないということですか」という抗弁である。格闘に敗れたことを認め、ヤコブに祝福を下される神の応答は、「お前は正しいのだ！　お前こそ、本当に強い者だ！わたしこそ、お前の神である！」と宣言しているのである。

人々が一般的に考えているところでは、運命的に弱い存在として生きていくほかなく生まれたのが、二番目の子ヤコブであった。しかし、ヤコブは、奪われた者の生き方を、運命的に受け容れることをしなかった。ヤコブは、既存の社会において、力で支配している方式を踏襲しないで、弱き者が発揮しうる知恵を通じて、運命を打ち破っていった。ヤコブの説話は、真に、弱き者の力がどこにあるかを教えている。弱者たちの力、それは、強き者たちの力を、そのまま継承するところから生まれるものではない。その力は、〈筋肉質〉の力、腕力を無力化し、亀裂を生じさせる知恵から生まれるものである。運命を打開しようとする努力と、真実に向けての対決、格闘を通してこそ体得される知恵である。

二、希望と絶望の二重の表徴

ダビデ（サムエル記上一六章一節〜列王記上二章一二節）

栄辱の人物

韓国大統領評価委員会と、韓国大統領学研究所において、歴代の韓国大統領を評価する、設問調査を行ったことがある。総合成績一位は、やはり朴正熙《バクジョンヒ》大統領〔位一九六一〜一九七九〕であった。彼は、ヴィジョン提示、人事管理、危機管理、政治・行政、教育・科学技術の分野において、断然一位を占めた。民主的政策決定・実行の能力においては金泳三《キムヨンサム》、道徳性においては張勉《ジャンミョン》、外交・安保・統一と社会・福祉・文化においては、金大中《キムデジュン》大統領が一位を占めた。これは、大統領の職務に関する設問調査の結果であるだけであるが、人生の歴程まで含めて、設問調査をすると、どのような結果になるだろうか。金大中大統領も侮れないが、おそらく、波瀾万丈の人生歴程を歩んだ朴正熙大統領が、依然として総合成績一位を固守するのではないか。貧農の家に生まれて権力者になるまで、〈親日〉と〈民族〉の境界を往き来し、〈左翼〉と〈右翼〉を往来した彼の人生歴程は、極めて劇的である。効率的な統治者としての面貌と、波瀾万丈の人生歴程をともに持っている彼は、多くの人々に、長く記憶されるに相応しい人物としての条件を、十分に揃えている。設問調査において総合一位を占めたということは、彼に対する人々の記憶が、大体において肯定的であることを物語っている。

しかし、他方、朴正煕大統領に対する記憶は、そんなに肯定的であるだけではない。設問項目のなかの一部の項目において、首位の座を明け渡したことにおいても、ある程度否定的な記憶を示唆している。彼は、主に効率的な統治機能の面においては一位を占めたが、価値志向的な側面においては、一位の座を占めることはできなかった。特に、彼が、民主的政策決定・実行の能力と、道徳性の側面において認められなかったという点は、注目されてよい。実際に、多くの人たちは、彼を韓国現代史において、最も苛酷な独裁者として記憶している。そのうえ、今日の韓国社会が克服すべき非民主的遺産と、官僚社会の不正腐敗の淵源も、朴正煕時代の遺産として認識している。彼に対する否定的な視線も侮れないのである。

偉大な統治者としての肯定的評価とともに、苛酷な独裁者としての否定的見方が分かれる理由は何であろうか。それは、単に国民が彼を好む人と、嫌う人で分かれるからではない。それは、実際に彼が有している二重性のためである。しかし、彼の二重性は、単純に、個人朴正煕の複合的な人となりから生じているというよりは、韓国近代化の二重性と直結しているものである。韓国近代化の成功と挫折という二つの側面が、彼の二つの顔として生まれたのである。突進的な韓国近代化は、驚くべき経済成長の神話を生んだが、同時に、富の不平等問題と、政治的過程の歪曲を引き起こした。朴正煕大統領に対する肯定的な記憶が、主に経済的成功と直結しているとすれば、否定的な記憶は、政治的失敗と直結するのである。経済的成長は、効率性を極大化する過程であるのに対し、政治的民主化は、人々の間に、多少長たらしい意思合意形成の過程を必要とする。しかし、それら両者は、必然的に矛盾関係にあるのだろうか。そうだとは断定できないであろう。しかし、朴正熙大統領の時代に、それら両者は、確実に矛盾関係だったのである。その時代の経済的成長は、社会の一部の大きな犠牲を基盤にした。その時代相が、朴正熙大統領の相反した二つの顔を作ったのである。

その栄辱の二つの顔を持った、最も典型的な人物が、ダビデ王である。よく知られているように、聖書において、ダビデ王は極めて特別の人物である。ダビデは、特別に神の祝福を受けた指導者として、王朝の基盤を築いた王であると同時に、ヤーウェ宗教の祭儀を確立した王として記憶されている、それだけでなく、ダビデはメシヤの予表としてイスラエル民衆のメシア待望の中心を占めている。イエス・キリストまでが、ダビデ王の後裔として解釈されているほどである。しかし、聖書をよく読むと、全般的にダビデ王に対して讃美一色の基調のなかでも、ダビデの野心と暗闘など否定的な姿が、侮れないほど見出される。彼の野心のために犠牲となった人々の傷の痕跡が、ところどころ見出されるのである。果たして、何がダビデの真の姿であろうか。ダビデ王の栄光は何であり、ダビデ王の短所はまた何であろうか。

ダビデ王の栄光

イスラエルの聖祖ダビデ王の登場は、多くの点で劇的な要素を有している。彼は、予想外の反転に反転を繰り返して、歴史の舞台に登場するのである。イスラエル最初の王サウルから民心が離反すると、預言者サムエルは、新しい王の候補を物色する。サムエルが訪ねていったエッサイの家には八人の息子がいた。成長した男たちの間で、幼いダビデは、当初全く注目の対象にすらならなかった。しかし、サムエルは、最終的に幼いダビデを指名する。羊飼いにすぎなかった少年ダビデは、サウル王の武器を持つ者として、サウルに仕えた。それだけでなく、竪琴を上手に奏でたので、いつもサウルの傍らで竪琴を奏でて、動揺の激しかった王を慰める役割まで担った。そのようなダビデに、決定的な契機が与えられるのである。いわゆる〈ダビデとゴリアト〉の対決である。そもそもが、不可能な対決であった。しかし、ダビデは、槍と剣ではなく、羊飼いの道具にすぎない、石投げ紐を使ってゴリアトを退け、これを契機にして名声をえるようになる。この事件は、ダビデに対するサウル王の信任を一層厚くする契機になると同時に、ダビデが、サウル王の潜在的政敵になる契機にもなった。深刻な精神分裂症のため疑惑を募らせていたサウル王は、ダビデを除こうとするが、ダビデは、その度毎にその危機を脱するのである。それだけでなく、逆にサウル王を除きうる機会が何度もあったが、ダビデは、自分の主を自らの手で除く反逆を行わない。危機を機会として活用したダビデは、戦いに勝った勢いに乗って、王として登場するのである。最初の王として知られたサウルが、事実上の軍事的総司令官に該当したとすれば、ダビデこそ、名実ともに最初の王であった。

　ダビデ王は、確かに立志伝的人物の典型である。彼は、これといって見栄えのしない家門の、注目もされない末の息子にすぎなかった。その事実のほかに、彼の成長期の秘話を知ることはできない。しかし、ダビデが、自身に与えられた機会を、徹底的に活用することを知る、知恵と能力を有していたことは明らかである。乱世の英雄らしく、ダビデは、敵と同志の間を往き来して、人々を自分の側に引き入れるのに、卓越した能力を発揮し、情勢を自分に有利になるように活用した。例えば、ダビデは、自身とは全く異なる性向を持つサウル王の下で、自身の立場を固めていった。サウル王は、過去の部族同盟体制と、新しい王権体制の過渡期の首長であった。部族同盟の平等主義理念と新しい王権体制は、矛盾した関係であった。おそらく、サウル王の精神分裂は、そのような歴史的矛盾と無関係ではないであろう。すでに、純粋な意味での平等な部族共同体とはいえないイスラエルが、理念的には平等主義を標榜して、サウルを中心に一つの統一体として存続しえたのは、全的にペリシテとの対決状況のためであった。まさにその点が、ダビデの立場を固める条件になるのである。ダビデは、サウル連合内において、軍事的指導者として、確実に地位をつかんだのである。そのお蔭で、ダビデがサウルから離脱するようになったときにも、ダビデは独自の基盤を持って、自らの野望を追求することができた。彼は、山賊の群れを率いる頭目として活動したり、場合によっては、イスラエルの宿敵であるペリシテに帰化して、彼らの側に立ったりもする。そのような独自路線の結果、サウルが戦死すると、ダビデはすかさずイスラエルに復帰して、全イスラエルを掌握し、本格的に王国を建設するのである。

　このようにして、本格的に王国を建設したダビデは、名実ともに新しい時代を拓り開いていく。彼は、以前のイスラエルにはなかった制度を、一つずつ作っていくのである。そのどの部族にも属さないエルサレムを手に入れて、領地にしただけでなく、常備軍を率いて、官僚体制を完成する。これに加え、ダビデは、モーセの旧契約までも更新する。まさに、ダビデ王朝神学の誕生である。旧契約の伝統において、神と民は直接的な関係を結んでおり、この関係は、条件付きの関係である。すなわち、約束を守る限りにおいて選民となるのであり、神はその選民の神となる関係である。しかし、ダビデの新しい契約においては、民と神の間にダビデの王朝が媒介し、その王朝と神との関係は、ほとんど無条件的である。ダビデ王朝に、永遠の祝福を賜わる神になったのである。ダビデ王は、最高権力者として、制度の整備に成功しただけでなく、王朝の統治イデオロギーを確立するのにも、成功したのである。ダビデの行跡は、まさにそのダビデ王朝神学の立場において再解釈された。以前の時代であれば呪詛の条件になるのであろうことが、祝福の条件に急変するのも、このためである。

ダビデ王の汚辱

しかし、一方、ダビデ王に対する讃美一色の記憶があるにもかかわらず、ダビデの人生の歴程は、あらゆる稚拙このうえないことにも連座している。ダビデは、自身が危険に直面すると、配下を率いて、敵の陣営に属したりもした。そして、その渦中にあっても、ダビデは自身の部下を引き連れて、略奪を行ったりして、自身の勢力を強化するために、渾身の力を傾けるのである。それは、情勢と人間を適切に活用した、優れた手腕として評価することもできるが、また他面においては、自身の政治的野望のためならば、いかなることも辞さないという姿として見ることもできる。

また、彼は忠直な部下の妻を奪って憚らない。聖書は、ダビデがウリヤの妻バト・シェバを奪った、かの有名なスキャンダルを伝えて、ダビデの周到綿密な計略を描写している。バト・シェバと情を通じた事実が、バト・シェバの妊娠で露呈するに至ると、ダビデはウリヤに、何度も繰り返して、妻の寝室に入るよう勧める。その計略を知るよしもない忠直な部下ウリヤは、自身の任地を離れようとはしない。結局、ダビデは彼を前線に送り出して戦死するようにし、合法的に彼の妻を迎え入れる。聖書は、この事件を、極めて慎重に扱っている。ダビデが行ったことは、〈主の御心に適わなかった〉と評価している。それだけでなく、すぐに、かの有名な預言者ナタンが遣わされて、その悪行を悟らせた事実まで、長々と記録している。ナタンは、そのことのために、ダビデの家から刃傷沙汰が永遠に去らないだろうと警告している。実際に、ダビデは息子たちの間の血なまぐさい権力闘争を経験しなければならなかった。その事態は、ソロモンに王位が継承されるまで続けられた。そのように、彼の生き方の裏面は、陰謀、暗闘、族閥間の権力闘争など権力の全ての闇で彩られている。

ダビデは、イスラエルの外部の敵ペリシテとの対決過程における輝かしい戦闘の勝利のお蔭で、自身の立場を固め、ついには権力を掌握した人であった。それに相応しく、彼は権力の基盤が軍事力にあるということも、怜悧に察した。彼は、王権が比較的安定した状況において、兵力を増強するために、イスラエル全域に人口調査令を下す。しかし、このことは、彼の軍の司令官にまで反対された。何が不足で欲張るのかというものであった。しかし、最後まで人口調査を敢行したダビデ王は、ついに自ら良心の呵責を受けるのである。結局、そのことのために、イスラエルは神の禍を免れえなかったと聖書は伝えている。しかし、ダビデ王自らが悔いたからか、預言者ガドを通じて、最小限に受けることになる懲罰を選択できるよう配慮される。誤ちを犯したのであるから、懲罰を避けることはできなかった。しかし、悔い改めていることを勘案して、可能ならば軽い災難を受けられるようにしたというのが、聖書記者の解釈であるわけである。ここに登場する災難の目録も、興味深い。提示された災難は、全国に七年間の飢饉が襲うこと、三か月間敵に追われて逃げること、全国に三日間疫病が起こること、であった。そのなかで、ダビデは最後の災難を選択する。おそらく、それがダビデにとっては、最も軽い懲罰であったのだろう。ダビデ王は、またも、その危機状況においても、優れた手腕を見せるのである。しかし、ここに提示されている災難の目録は、選択可能なものであったというより、常にダビデ王の権力を脅かしうる、潜在的な要因であったことであろう。この事件は、ダビデが、いつもこれらの要因のために不安に苦しめられていたという事実を示唆していると同時に、彼が不安を克服するために、確実な対策を講じていたことを示唆している。これに対する聖書記者の評価は、極めて苛酷というべきであろう。ダビデ王がなめる不安を解消することは、簡単に物理的な力では解決しえないことを物語っているからである。

讃美で一貫しているように思われる、ダビデ王についての記録において、このような否定的な記憶がそのまま残されているということは、意味深長である。これは、ダビデ王の成功を、全く違った形で解釈している民衆の記憶が、それだけ強かったことを反証している。成功神話の裏面には、挫折と絶望の嘆きがあったのである。ダビデの成功により、失敗と挫折を経験したであろう民衆の記憶がそれだけ強烈だったのである。

希望と絶望の二重の表徴

成功した王として、ダビデは全ての人々にとって希望の表徴である。誰もが似たいと思う、羨望の対象でもあるからである。ましてや、ダビデは、世襲的に権力と財産が保障された家門出身ではなかった。彼の成功は、ほとんど全的に、彼自身の知恵と能力で培ったものであった。何よりも、彼は情勢を読み取ることを知っており、人を活用する卓越した能力に恵まれていた。それに熱い野望まであったのだから、成功した指導者としての美徳を、まんべんなく整えていたわけである。注目されることのない羊飼いから、国の最高指導者に昇りつめたダビデは、人々の羨望の対象になるには十分である。人は誰でも、それと類似した期待を持って生きていくのではないだろうか。それは、単純に一個人の出世という次元に局限されないであろう。〈豆を植えたところに豆が生え、小豆を植えたところに小豆が生える〔物事には、すべて原因があって結果が生まれる〕〉という俗諺のように、経営者の家から経営者が出、政治家の家から政治家が出るという現実が、変わることなく持続されるならば、どんなに味気なく、やり切れないことであろう。その現実に亀裂を生じさせ、新しい可能性を示す指標として、ダビデ王は、羨望の対象となるのに不足はない。それは、すでに組み立てられてしまっている社会秩序のなかで、突破口を見出そうとしている多くの人々には、具体的な希望の根拠になるであろう。ダビデ王とイエス・キリストが、決して同一の範疇の人物ではありえないにもかかわらず、ダビデ王が、メシヤの予表として受け容れられていたのは、このような脈絡からである。

しかし、ダビデ王の成功は、暗い影を色濃く落としている。彼の成就過程自体が、数多くの人々を対象化している。間断なき権力の暗闘は、生き残った人の立場では、危機を克服する契機になるであろうが、敗北を喫した人の立場では、奈落に落ちる契機であるにすぎない。それでも、ダビデがそうであったように、起き上がりだるまのように立ち上がることができれば、幸運である。しかし、そのようなことが絶えることなく反復されなければならないとすれば、いつも傷つき挫折させられる人間は、消えることがない。多くの場合、個人の成功は他人の犠牲のうえに立っているのである。それだから、成功した人自身も、心が穏やかではない。いつも、奈落に落ちるかも知れないという不安のなかで生きていく。その不安感を乗り超えるために、何らかの妙策を絶えず講ずることはできるであろうが、その循環の輪のなかで、果たして安定を享受できるであろうか。すでに十分な軍隊がありながらも、より多くの軍事力を拡充させたい欲望に捉われているダビデ王において、われわれは、そのような不安感を見るのである。

偉大なる統治者であり、苛酷なる独裁者として、二つの顔を持つ朴正煕大統領とダビデ王を重ねて見る理由が、ここにあるのである。歴史的転換期の、避けえない状況において、その大役を担ったためであるという理由だけでは、その栄辱の顔を正しく評価することはできない。でないとすれば、当初からそれを、人間の運命的条件と見なしてしまわなければならないのであろうか。もしもそうならば、人生は実に絶望である。ダビデを偉大なる王として記憶し、メシヤの予表として受け容れながらも、実際には、それとは全く異なるイエスをメシヤとして受け容れていた伝統の意味を、われわれは、この題目において考える必要がある。君臨することによって指導者を自任するのではなく、仕えることによって真の指導者になったイエスの、その秘密に接近するとき、われわれは、栄辱の二つの顔を持つ、ダビデ王の成功と失敗を、正しく評価することができるであろう。

三、乾涸びた知恵、飢えた愛

ソロモン（列王記上一章一節～一一章四三節）

知恵の王

ある日のこと、遊女が二人、王のもとにきてその前に立った。そのうちの一人の女が進み出ていった。「王様、よろしくお願いします。わたしはこの人と同じ家に住んでいて、その家で、この人のいるところでお産をしました。三日後に、この人もお産をしました。わたしたちは一緒に家にいて、ほかにだれもいず、わたしたちは二人きりでした。ある晩のこと、この人は寝ているときに、赤ん坊に寄りかかったため、この人の赤ん坊が死んでしまいました。そこで夜中に起きて、わたしの眠っている間にわたしの赤ん坊を取って自分のふところに寝かせ、死んだ子をわたしのふところに寝かせたのです。わたしが朝起きて自分の子に乳をふくませようとしたところ、子供は死んでいるではありませんか。その朝子供をよく見ますと、わたしの産んだ子ではありませんでした」。すると、もう一人の女がいった。「いいえ、生きているのがわたしの子で、死んだのがあなたの子です」といって、二人は王の前でいい争った。

王は内心考えた。〈二人の女は互いに、生きている子を自分の子であるといい、死んだ子を相手方の子であるといっている。そうだとすれば、いい手がある〉。王は臣下たちに剣を持ってくるように命じた。臣下たちが、剣を王の前に持ってくると、王が命じた。「生きている子を二つに裂き、一人に半分を、もう一人に他の半分を与えよ」。すると、生きているその子の母親は、自分の子を哀れに思うあまり、王に哀願した。「王様、お願いです。この子を生かしたままこの人にあげてください。この子を絶対に殺さないでください」。しかし、もう一人の女は、「この子をわたしのものにも、この人のものにもしないで、裂いて分けてください」といった。そのとき、王が命令を下した。「この子を生かしたまま、さきの女に与えよ。この子を殺してはならない。その女がこの子の母である」。

ソロモン王のこの逸話は、賢明な裁判が語られる度に、いつも話題になる。ソロモン王は、人々にそのように知恵の王として記憶されているのである。ソロモン王に対する記憶は、それで終わらない。彼は一言でいえば、全てのものをありったけ持った人として、彼の名は、美と栄華の代名詞でもある。彼は、知恵のある賢人であっただけでなく、神殿と宮殿建築という大事業の主人公であり、卓越した政治的力量と、優れた国際感覚・経営能力を持った君主でもあった。また、彼は愛の価値がどういうものであるかを知っている、ロマンスの主人公でもあった。彼は、人生が享受しうる極致をすべて経験した人として記憶されている。伝えられているいろいろな知恵の書（コヘレトのことば、箴言）と愛の歌（雅歌）など全てが、彼の名で記憶されるほど、彼は全てのものを享受した人であった。

聖書は、ソロモンの栄華の根源を、〈知恵〉であると語っている（列王記上三章）。ソロモンが、他の何よりも知恵を求めたゆえに、神がその知恵に加えて、おまけとして富貴と栄華まで享受できるようにしたと記している（列王記上三・一三）。ソロモンのこのような態度は、われわれが求めるべきは、富貴栄華ではなく、知恵であるという教訓を立証する標本として、後世の人々に常に模範になっている。

知恵を求めるほかなかった経緯

ソロモンが知恵を求めることによって、全てのものがえられるようになったことを考えるとき、人々が期待していたものは、果たして何であろうか。本当に、それほどまで切実に知恵を求めなければならないという、教訓それ自体であろうか。おそらく、そうではないであろう。人々は、知恵を求めることによってついてくる、その副産物に関心があるのではないだろうか。人々が期待しているものは、富貴と栄華を享受しうる、関門としての知恵なのである。このことは、知恵を選択したソロモンを称讃する神の御言葉を通じて逆説的に現れている。「あなたは自分のために長寿を求めず、富を求めず、また敵の命も求めることなく、訴えを正しく聞き分ける智恵を求めた…（列王記上三・一一）」という言葉は、ソロモンが本当に切に希望したものがどういうものであるかを示している。長生きして、王位を完全に保証されたいと思う欲望、物質的繁栄を享受したいと思う欲望などは、人間ならば誰もが期待するものであるといえよう。ところが、これにつけ加えられた〈敵の命を求めることなく〉は、尋常ではない。人は誰でも、怨恨関係のために怒りを抱くこともあるが、復讐することを一生の願いとしている人は、普通の人の場合には稀である。このことは、ソロモンが置かれていた、切実な状況を現していると同時に、ソロモンが知恵を求めるほかなかった経緯を物語っている。

ソロモンは、当初から王位を継承するには、不適格な人物であった。彼は、父ダビデの有名なスキャンダルで生まれた息子であった。常識的に考えるとき、当然嫡子であるアドニヤに継がれるべき王権（列王記上一・五、二・一五）が、王位継承者になるには、当初より問題があったソロモンに継がれた。そのため、彼は王子アドニヤ、将軍ヨアブ、祭司アビアタルなどの敵に囲まれており、その政敵らが、彼の大権にとって、最も大きな障害になった。ソロモンは、兄アドニヤが生きている限り、自分の王権が、常に脅かされるであろうことをよく知っていた。それで、彼は刺客を送って、兄を除いてしまうのである。彼は、アドニヤを支持していた将軍ヨアブまで除き、アドニヤとヨアブを除去したベナヤを、軍の司令官に任命する。またソロモンは、祭司アビアタルまで都から追って、中央政治の舞台から退場させると、ツァドクという新しい人物を、祭司長の座に就かせる。それでも、アビアタルが命を長えることができたのは、彼がソロモンの父ダビデと苦労をともにした人物であったからである。ソロモンは、こうして、自身を取り巻く脅威要素を除去して、確固とした親政体制を築くのである。

彼の晩年に起こった事件として記憶されているが、ソロモン王の国家発展の政策と拡張政策は、内部の不満を累積させ、ヤロブアムに代表される勢力の抵抗を呼び起こした。ソロモンは、先王ダビデを継承して、実質的に王権体制を確立した王として、王宮建築と神殿建築など大事業を完成した。イスラエルの歴史において、最初の神殿として記録されたソロモンの神殿は、七年の工事期間を通じて完成したし、王宮を完工するのには、一三年を要した。二つの建築物の工事期間だけでもなんと二〇年で、ソロモンは、彼の統治期間四〇年のうち、半分を大工事に没頭したことになる。これだけでなく、エルサレム城壁を築き、別宮とともに、到る所に要塞を築き、大々的に軍隊を拡充した。貿易のために船を築造することも、大きな国家事業の一つであった。これら全てのことは、大規模な人力動員を必要とするものであった。神殿建築に動員された人力だけでも、単純労務者三万人、運送労働者七万人、採石場労働者八万人、そして、その作業を管理する責任者だけでも三千三〇〇人であったというのだから、事実上統治期間中に動員された人力の規模がどうであったかを推測することができる。いうまでもなく、聖書に記録されているその人力の規模が、歴史の実際とどの程度符号するか疑問ではあるが、ソロモンの統治体制自体が、国家総動員体制であったということは明らかである。そのように、統治期間中ずっと、総力動員できたということは、統治者として、卓越した能力を示していることではあったが、逆に見ると、数多くの抵抗勢力を量産する過程でもあった。

結局、王権初期の政敵たちのために苦境を経験し、王位期間中ずっと、不満勢力の抵抗にぶつからなければならなかった。ソロモンにとっては、その縺れた関係を正しうる妙案こそ、最も切実なものであった。彼が知恵を切に求めなければならなかった経緯が、ここにあるのである。その政敵たちを退けながらも、名分に反しないようにする妙手が必要だったのである。

もちろん、ソロモン王にとって〈知恵〉は、個人的に難局を打開していくのに、切実な妙案としてのみ意味を持つのではない。ソロモンは、偉大な〈文化君主〉として、自らの偉容を誇りたかった。彼は、安定した王権を基盤にして、対外膨張政策を実施しながらも、外国の先進文物を受け容れた。物質的豊かさに相応しい、文化的欲求を充足させようとする試みであった。彼は実際に、エジプトの先進文物を憚ることなく受容し、王室には知恵学校を建てて、学者を養成した。知恵の王というソロモンの名は、まさにその先進文物を受け容れた面貌のゆえにつけられた、名でもあった。ソロモンは、卓越した国際感覚を身につけた、〈世界化〉時代の、華麗なる文化君主だったわけである。

しかし、その栄華は、すぐに彼自身の足枷となった。国家的な富の膨張と、華麗なる外国文化の受容は、一方において、内部の矛盾を深化させたからである。ソロモンの栄華は、初めから、辛うじて彼の当代においてのみ花咲かせ、消える運命にあったのである。旧同盟の伝統をより大切に考える、北の十部族の離脱は、必然の成行きであった。ソロモンが臨終し、その子レハブアムが王位を継承したとき、事実上ユダ部族を除いた十部族が、ダビデの家門から離れて、北イスラエル王国を建てたということは、ソロモン統治の性格を端的に反証している。この事実から、われわれはソロモンが求めた知恵の虚像を見るのである。

愛を満喫したようで、愛に飢えた人

ソロモンが求めた知恵の虚像は、執拗な彼の愛情行脚を通じても露呈されている。彼はエジプトのファラオの娘とも結婚したし、数多くの外国の女たちを王妃として迎えた（列王記上三・一、一一・一）。王妃が七百人に、側室が三百人に至ったということ（列王記上一一・三）が、実際に可能なことであったのか、疑問の余地はあるが、ソロモン王が、過度に女に執着していたという事実は、間違いがないようである。彼が、世の全ての男たちの羨望の的であるロマンスの主人公であったゆえに、後世の人たちは、男女間の美しい愛を詠《よ》んだ雅歌を、ソロモンの作品と見なした。ソロモンのように、深い愛を味わった人でなければ、書けない作品であると見なしたからである。人々が記憶しているソロモンは、愛情の化身でもあったのである。

しかし、そのような事実を、一体どう理解すべきであろうか。果たして、対外膨張を追求したソロモンの政略上、当然の結果と見るべきであろうか。女たちに対する彼の執着は、どう見ても、単純に政略的選択であるとは見難い。聖書は、多くの王妃たちの出身地をいちいち明記しているが、ソロモンが王妃七百人を必要とした事実を、解明してはいない。多くの文学作品の想像力を刺激しているシェバの女王とのロマンスも、国際関係自体としてだけで解明することはできない。聖書は、明らかにソロモン王がシェバの女王に、外交上の慣例を超えて、好意を寄せたと伝えている。そして、聖書は、ダビデ ― ソロモンの統一王国が分裂した直接的な原因が、まさに女のためであると語っている。正確にいえば、異邦の女たちが信じている神々を、ソロモンが容認したために、神の怒りを買ったという。その事実は、聖書記者の目にも、ソロモンが女たちに執着した振舞が正常でなかったことを物語っている。

ソロモンは、病的に女たちに執着した男性であった。おそらく、そうするほかなかったのであろう。権力の暗闘のなかで成長し、不利な条件であるにもかかわらず、王権を掌握したソロモンにとって、誰か一人でも、信ずべき人がいたであろうか。彼は、心置きなく愛を施すことも、心安らかに愛されることもなかった。彼が個人的に求めなければならないものは、知恵ではなく、愛でなければならなかった。しかし、統治者として、彼に切実であったものは、知恵であった。その知恵は、冷酷な現実をかき分けて進む方便にはなっても、彼が真に乾きを覚えている愛を、充足させることはできなかった。

まさに、その愛に飢えていた人、しかし、自分の力で全てのものを動かすことができると考えていた君主が選んだ道が、病的に過度な女性遍歴であったのである。ソロモンは、豊かで不足のない愛を享受したようであるが、実際は、満たされない愛の渇きに苦しんでいた人である。彼は女たちまで〈所有〉することによって、愛を充足させようとしたが、それは結局、自身と王国を破局に突き進ませる近道であるにすぎなかった。

はかない栄華

人間が生きながら追求している、幸福の価値を全て手にした人物が、ソロモンである。しかし、彼の栄華を強調すればするほど、一層顕著になるのは、愛に飢えた彼の暗い影である。愛に飢えた彼に与えられた知恵は、冷酷であるだけで、その知恵によってえた栄華も、はかないだけである。それで、「なんという空しさ、なんという空しさ、すべては空しい」と詠んだのであろうか。これは、ソロモンのもう一つの著作としてしられている、コヘレトの言葉の最初の一節である。もちろん、コヘレトの言葉は、様々な特徴のうえで、ソロモンの著作であるというよりは、古代近東の知恵を集めた、後世の著作と思われる。しかし、その著作が、ソロモンの著作と見なされてきたということは、意味深長である。ことによると、その書は、ソロモンの人生自体を評価しているようでもある。すべての人が求めている〈知恵〉ですら空しいということを教えているのが、コヘレトの言葉の〈知恵〉である。この書の話し手は、やはりソロモンほどに、この世で多くの栄華を享受した人である。しかし、彼は、王になったところで何があるのか、と詠んでいる。全てのものは、神を敬い恐れることには及ばない、という。神を敬い、素直な日常の生き方をしていくことこそ、人生において最も尊いということを教えている。

ソロモンの栄華を見て、われわれもその栄華を享受しようとする空しい期待をするよりも、われわれの率直な日常の生き方自体が、栄華を極めているということを、われわれは逆説的に悟らなければならないのではないだろうか。

四、深読みすれば見える、もう一つの異なる真実
ヤロブアム（列王記上一二章一節～一四章二〇節）

悪魔の代名詞

真夏ともなると、いつも訪れてくる客がある。納涼特集の主人公として登場するドラキュラ伯爵である。よく映画に登場するドラキュラ伯爵は、煽情的興味を誘発する主人公的程度に描写される場合が多い。しかし、ドラキュラに代弁される〈吸血鬼文学〉は、かなりの歴史とヨーロッパ精神史の、極めて根深い根源を有している。その底辺は、ヨーロッパのバルカン地域、スラヴ民族の民間信仰に登場する吸血鬼伝説にある。キリスト教的善悪対立観念の図式に従って、吸血鬼は悪の化身として、文学作品に極めて頻繁に登場する主人公になったが、一八九七年に、アイルランドの作者B・ストーカー（B.Stoker, 一八四七～一九一二）の小説『ドラキュラ』が登場して以後、ドラキュラは吸血鬼の代名詞になった。『ドラキュラ』の主人公の原型は、一五世紀トランシルバニア地方ワルラキア公国の伝説的英雄ブラド・ツェペシュ伯爵である。彼は、ルーマニアの歴史において、オスマン帝国の軍隊を撃退した戦争の英雄として、捕虜と犯罪者を冷酷な方法で処刑した君主として、記憶されている。

その原型になった実際の人物とは関係なく、ドラキュラは、一つの世界を代弁している。小説『ドラキュラ』は、二つの対立した世界を基本構図にしている。小説が誕生した実際の背景は、

ヴィクトリア女王時代、イギリス資本主義の全盛期であった。当時イギリスは、近代資本主義文明の中心地であると同時に、西欧キリスト教文明の中心的機能をなしていた。反面、〈危険な〉東方と境界を接した〈後進〉の東ヨーロッパ地域は、ヨーロッパの辺境地方として、危険で不安な世界として描かれる。その危険で不安な世界を代表する主人公が、ドラキュラ伯爵である。ドラキュラは、欲情の化身であり、悪魔性を代表している。純潔で節制されたキリスト教的価値だけが、欲情に捕われて不安で混乱している悪の勢力を剔抉することができる。小説は、まさにそのような構図のなかで、西欧キリスト教の最終的勝利で終わるのである。作家は、そのように善の勢力が悪の勢力に勝つということを描きたかったのかも知れない。多分、その作品を享受した人々も、そのように期待したであろう。今日われわれがドラキュラを連想するときにも、全く同じ心情である。暗い闇のなかでのみ生きて動く欲情の化身として、ドラキュラは恐怖の対象である。それだから、その悪の力を追い払ってこそ、善で純潔であるわたしの安全が保障されるのである。

しかし、『ドラキュラ』は、作家が意識していようがいまいが、もう一つの真実を物語っている。それは、剔抉すべき悪が、まさにその悪と対決する善のもう一つの裏面でもありうるという真実である。〈不安定なる辺境地方〉、〈薄暗い世界〉、〈欲情に満ちた世界〉は、遥か遠くに離れている他の世界ではない。まさに〈安定した中心〉、〈明るい世界〉、〈純潔なる理想を誇る世界〉のもう一つの顔でもある。キリスト教の信仰で文明化された西欧世界、最も発展した資本主義の中心が、自ら抱えている姿である。それは、その明るい文明自体が孕んだ暗い影でもある。暗闇のなかで活気を求め、欲情を燃え上がらせるドラキュラは、教養のあるキリスト教徒または西欧市民のもう一つの顔でもある。不安で薄暗い世界は、すなわち資本主義文明がパアッと花咲いたロンドンの裏道であり、日常の世界である。悪の震源地である辺境地方は、その文明の中心地が排除してしまった、すべての場末と落ちぶれた人生に該当する。

その点において、同時代の作品である『ジーキル博士とハイド氏』の物語は、その真実をずっと鮮明に教えてくれる。人間が持っている善と悪を、絶対的に分離しようとする実験をしていたジーキル博士は、自らをその実験の対象にする。それで彼は、昼間は高邁な人格のジーキル博士であるが、夜になると、暗い裏道で、全ての悪行をこととするハイド博士に急変してしまう。ジーキル博士とハイド氏、そのなかで、どの姿が果たして自分の姿であろうか。この物語は、その実態を選択することができないという真実を覚らせる。ジーキル博士とハイド氏は、異なる存在なのではなく、同一の存在である。この同一の存在のなかから、善も悪も出てくるのである。

われわれは、よく善と悪が明確に区別され、悪は排斥してしまえば済むと、極めて明快に考える。あたかも日常において、また歴史的選択の岐路において、それが自明のごとく区別され、容易に解決できるかのように考えながら生きている。しかし、実際われわれの生活は、そうではないのである。われわれが善と考えることと、われわれが悪と考えるのは、コインの両面のように混在している。悪を排すれば排するほど、一層深刻な悪の泥沼にはまり込む場合もある。キリスト教が、異端を剔抉すると称して、どれほど深刻な罪悪を犯したことか。西欧世界が、自らを中心に設定して、どれほど多くの辺境地方を作り出したことか。このような例は、善悪が明確に分離されていると考えるときに陥る自家撞着である。しかし、両者がコインの両面であると考えるならば、全く異なる結果が生ずることもありうる。聖書の主人公のなかで、ヤロブアムをもう一度考えてみようとするのは、その糸口を、見出そうとするからである。

歴史の悪役

聖書において、ヤロブアムは悪役の代名詞である。彼はまるでドラキュラのような存在である。〈ダビデの道〉が聖君の道を代弁しているとすれば、〈ヤロブアムの道〉は悪い君主の道を代弁している。モーセと対立するファラオや、ダビデと対比されるサウルのように、聖書には、偉大な存在に対比される悪役たちが、度々登場する。しかし、その悪役たちの比重は、ヤロブアムには及ばない。他の悪役たちが、一時的であり、暫定的であったとすれば、ヤロブアムは、イスラエルの歴史、正確にはユダの歴史の間ずっと、ダビデと対比される否定的尺度の役割をしてきた。

ダビデ ― ソロモンがなした王朝を継承したレハブアムに反旗を揚げて、北イスラエル王国を建てたヤロブアム、ユダ中心の伝統において悪役を担ったのは、当然なのかも知れない。現在われわれに伝授されている聖書は、その原型が、ユダの伝統において形成されたからである。稀に、ユダの聖君中の一人として崇敬されている、ヨシヤ王の時代に形成された申命記的歴史編纂と、やはりユダの指導層を中心にしていたバビロン捕囚期の聖書編纂が、ユダに対立する伝統の〈元凶〉ヤロブアムを作り出したのである。

「ダビデよ、今後自分の家のことは自分で見るがよい」

ダビデ王が中心の歴史編纂が主をなしている聖書の伝統にもかかわらず、聖書は、もう一つの異なる歴史の真実を伝えている。

ヤロブアムの登場は、ソロモンの虐政と失政からきている（列王記上一一・三一以下）。聖書は、ソロモンの政策に反旗を掲げた、数々の指導者たちがいたことを伝えている（列王記上一一・二四〜二五）。そのなかで、ヤロブアムは、最も際立った指導者であった。王位が交代して、レハブアムがソロモンの後を継いだとき、人々は、政治的な亡命客であったヤロブアムを呼んで指導者に立て、新しい王に、父王の虐政を中断することを要求する。しかし、若いレハブアム王は、穏健な元老たちの意見を聞き入れず、強硬な新進軍部勢力の意見に従うのである。これに失望した大多数の部族（一〇部族）は、ヤロブアムを新しい国の王として推戴《すいたい》する。

ヤロブアムを王に推戴したのには、シロの預言者アヒヤの役割が決定的であった。シロは、祭司エリに代表される旧部族同盟の精神を、王権体制を通じて実現しようとしていた勢力の根拠地であった。サウルの支持勢力でもあった彼らにとって、ダビデ－ソロモンの王朝は、自分たちの理想とは、ほど遠いものであった。アヒヤは、旧部族同盟伝統の影響を固く守っていた北部を代弁して、ヤロブアムを新しい指導者として、承認したのである。このようにして形成された北部同盟は、国家発展戦略を中心とする、ダビデ―ソロモン王権の弊害を是正しようとしたが、それは許されなかった。結局、彼らはユダ王国とは独立した、北イスラエルを建てるほかなかったのである（列王記上一二・一六〜二〇）。

ヤロブアムの悪行の実相

北部同盟も、過去の平等主義体制に帰ることができたのではなかった。彼らが採択した体制も、王権体制であった。しかし、王朝イデオロギーが確固として定着していた南ユダとは異なって、北部同盟は、依然として旧部族同盟の伝統が強かった。北イスラエルに、単一の王朝が持続されえなかったのは、このためである。ともあれ、北王国もまた、王権体制を選んだという点において、国家発展戦略が持つ矛盾を抱えているほかなかった。その点において、北イスラエル王国も、南ユダ王国と同じ脈絡で評価することができる。

しかし、聖書は、南と北両側に、同じように否定的評価をしながらも、他の根拠を突きつけるのである。南ユダの王たちに対しては、〈ダビデの道〉に従わないで悪行を犯したといい、北イスラエルの王たちに対しては、〈ヤロブアムの道〉を踏襲したというのである。前者は、どんなに誤っていても、大目に見ることができるが、後者は、どんなに努力しても、大したことはないといった風である。ここから、ヤロブアムは、諸悪の根源と見なされるのである。

ヤロブアムの悪行の根源は、エルサレム神殿の祭儀を拒否し、ダンとベテルの聖なる高台に神殿を設け、そこに金の子牛を造ったというところにある（列王記上一二・二五〜三二）。ヤロブアムは、その祭壇で、ユダとは別に、第八の月の十五日に祭りを執り行い（列王記上一二・三二）、あちらこちらに祭壇を築き、レビ人でない民のなかから、祭司を任じた（列王記上一二・三一）。ユダとは別のこの措置のために、ヤロブアムは後々まで悪行の根源として糾弾の対象となるのである。

しかし、考えてもみよ。ダビデーソロモン王家に反旗を掲げて、新しい国を建てたヤロブアムの立場において、その旧習にそのまま従う理由があるだろうか。

ダンとベテルに建てた聖所は、エルサレムの中央集権体制に反して、旧部族同盟の中心であるそこを重視したことを物語る。また、その聖所に金の子牛を建てたことが問題になったが、エルサレム神殿とて、像を置かないのではない。エルサレム神殿にも、契約の箱を守るケルビム（注1）の像があったのである。どのようなものであれ、その像をもって、神の臨在の条件を規定したということが問題であって、ケルビムは正当であり、金の子牛は不当であるということは、理に合わないのである。実際、宗教文化史的に見ると、両方とも、自分たちになじみの象徴を活用しただけである。鳥の翼をつけた天使のケルビムが、南ユダにはなじんでいる宗教的象徴であったとすれば、子牛は、北イスラエルになじんでいる宗教的象徴であった。不毛な南ユダの自然条件と違って、水が豊かで肥沃な土地が多い北イスラエルの自然条件において、子牛は、極めて親しみのある動物であった。実際に、北イスラエルの人々は、その子牛を神として崇めるのではなく、神の臨在の象徴として見たのである。

ユダの新年祭よりも一か月後のイスラエルの新年祭も、イスラエルの立場では、当然である。すでに執り行われた、ユダ王の即位を認めず、新しい王を推戴していたイスラエルが、それより遅い即位日を年例的に記念したであろうことは、当然のことではないか。

地方のあちこちに高台を築いたのも、基本的にエルサレム中央集権体制に抵抗していた、イスラエルの立場では当然のことであった。各地域の連合体的な性格を有する北部同盟は、当然、地方の役割を重視し、それにともなって、各地域別の聖所を公認したのである。合わせて、レビ人（注2）の司祭を代えたのも、親ダビデーソロモン王権の人事に代えて、地方の土着勢力を起用したのであるから、イスラエルとしては当然のことである。

結局、諸悪の根源と考えられているヤロブアムの悪行は、一方的に罵倒されるようなことではない。ダビデーソロモン王家の政策に、それなりの政治的意図があるのと同じように、ヤロブアムの政策にも、それなりの政治的意図があるのである。われわれは、どちらが、より特権体制を強化するのに寄与したかを、評価することができたとしても、ユダのものと異なるイスラエルのものが、誤っていると断定することはできない。北イスラエルも、王権体制に帰結したという根本的な限界を有しているとはいえ、中央集権的特権体制に抵抗していた北イスラエルの措置に、肯定的な要因があったことを認めることもできなければならない。

今日、中東問題の根底に、シオニズムがある現実を、直視しなければならない。今の現実から見るとき、諸悪の根源は、むしろ〈ダビデの道〉にあったと見るのは、いきすぎた憶測だろうか。もちろん、この言葉も、一つの修辞にすぎないことを留意する必要がある。

深読みすれば見える、もう一つの可能性

善悪をコインの両面として認識することが、世には何の区別もなく、したがって、いかなる判断と選択も、空しいということをいうのではない。世には厳然として区別があり、われわれはいつも選択の状況に直面している。しかし、善悪をコインの両面として認識することは、善悪の判断が恣意的でありうるということに、留意しようという意味である。より正確にいえば、単なる区別が問題なのではなく、区別に序列をつけ、優劣の価値を適用することが問題だというのである。そのうえ、善と悪という究極的な尺度を適用してしまうと、悪と評価されることは、永遠に排斥しなければならないものになってしまう。悪と評価されること、そこには、ありうるであろう一抹の真実を見つめることをできなくする。結局、もう一つの異なる可能性を、源泉封鎖する結果をもたらすのである。善悪をコインの両面として認識することは、全く予期しえなかった、新しい可能性を見出そうとする態度に直結する。わたしが排除していたあることから、新しい突破口ができうるという可能性の前に、自身を開いて置くことである。

例えば、競争社会において追求している、高効率の原則だけを遵守していれば、万事が意のままになりうるだろうか。われわれは、厳格な位階秩序のなかで、決められた役割を果たすことが、ある目的を最も効果的に遂行する方式であると信じている。このような価値観は、具体的な人間一人一人に配慮する暇を与えない。われわれが信じている、いわゆる効率性は、人間とは背馳《はいち》するのである。しかし、人間性と背馳する効率性が、ずっと効率的であるかは疑問である。効率性を追い求めることが、数多くの人々を傷つけるとすれば、その効率性はそれ以上持続することはできない。もう一つの例として、超高速を誇る情報化の時代に、果たして、過去の伝統は古いものにすぎないのだろうか。世界化の時代に、民族的価値は空しいものなのだろうか。今日、われわれは、その常識が覆っている現象をよく目撃する。伝統的価値と慣習がむしろ輝く現象、最も民族的なものが最も世界的なものになる現象を、少なからず目撃している。

ヤロブアムを、諸悪の根源としてではなく、もう一つの異なる道を歩んだ指導者としてみようとすることは、そのように、予想外の可能性に期待しようということである。ヤロブアムに対する再評価は、一言でいえば、発想の転換を意味する。深読みすれば見えるもう一つの異なる真実。覆せば見えるもう一つの異なる可能性に期待しようということである。

五、誤てるものは未練なく捨てよ
エレミヤ（エレミヤ書）

反省することを知らぬ日本、不敗コンプレクス

個人的に出会う日本の人は、本当に柔順で親切である。他人に対する配慮の態度も、繊細である。話の初めごとに、〈失礼します〉をつけるほど、相手に配慮する心を持っている。外国人が道を尋ねると、初めから、目的地までわざわざ案内してくれる場合も、よくある。

しかし、国家としての日本、民族としての日本は、極めて怖い存在である。一向に反省することを知らないようである。日本は、韓日合邦を〈大東亜共栄圏〉の理想として正当化したし、中国侵略とアジア・太平洋列島などにおいて繰り広げた戦争も、その理想として正当化した。日本の侵略と戦争は、やられている民族と国家の立場では、苛酷な苦痛であった。しかし、日本はともすると、侵略と支配を、〈共栄〉と〈解放〉という名で美化し、今も変わることなく野望を露わにしている。一部の政治家や官僚たちの妄言であるというよりは、国家としての日本、民族としての日本が、アジアの諸民族と国家に見せている内なる本心である。

そもそも、日本はどうして、かくも反省することを知らないのであろうか。このような日本の態度は、徹底して過去を清算し反省した、第二次世界大戦の同じ敗戦国ドイツと、よく対比される。敗戦の状況は、自意であれ他意であれ、反省の機会を提供するものである。人間は、絶望の

奈落に落ちて初めて、正しく自らを省みるのである。民族や国家の場合も同様であろう。実際日本は、建国以来最初の敗戦状況を迎えたのであり、したがって、初めて国家的存在または民族的存在として、自らの地位を顧みることのできる、絶好の機会を迎えたのであった。しかし、絶妙にも、その機会は消えてしまった。戦後アメリカの東アジア政策は、日本を保護し安定化する方向に進んだ。戦争に対する責任を問わねばならなかったが、それは形式上の手順に終わり、日本の安定を図ることに、戦後処理の強調点を置いた。アメリカは、日本国民の情緒を勘案して、事実上最高の戦争犯罪者である天皇に、戦争責任を問わず、天皇制を存続させた。日本の国体を保存させたのである。その結果、日本は事実上敗戦国として、断絶された過去の歴史を巧妙に再び縫合される経験をした。まさにこのような状況において、日本は自らの過去を正しく顧みることのできる機会を失ったのである。

〈不敗コンプレクス〉、十代の成長期に、特に男性たちに現れる精神的現象をいう。敗北を享受することを知らない態度である。そのコンプレクスから抜け出られない人は、絶えず誰かを支配しなければならない。個人の場合、その支配欲は、倒錯的性欲として表出されたりする。国家や民族の場合であれば、他民族・国家に対する、支配の欲望として表出される。実際日本にとっては、そのコンプレクスから抜け出る機会がなかった。少なくとも、七世紀以後、〈日本〉という国号が登場して以来そうである。

日本に第二次世界大戦以前に、たった一回の機会があったとすれば、それは、一三世紀にモンゴルの侵略を受けたときであろう。当時、日本の高僧日蓮は、日本の危機を力説した。真理に目を向けようとしない日本人は、罰を受けてモンゴルに敗れて蹂躙され、塗炭の苦しみに陥って初めて、目覚めるようになるであろうと力説したのである。しかし、天佑神助というべきか。日蓮の期待していた結果は外れてしまった。麗・蒙連合軍が、二度にわたって日本本土を侵略したが、二度とも日本は強い台風のお蔭で、国家の危機を逸れることができた。そのとき吹いた風を、日本の人々は〈神風〉という。その事件は、日本の人々に、神の国日本はどのような危機にあっても救出されるのだという信仰を強化させた。太平洋戦争当時、日本特攻隊の名が、まさしく〈神風〉であった。神風の自爆攻撃は無謀のようであったが、結果的に、彼らが守ろうとした天皇と国体は保ったのであるから、再び神の助けを受けたことになるのであろうか。このように、日本は不敗神話を信じて、自らを反省しないゆえに、続けて周辺諸国に怖い存在として残っている。日本近代の思想家内村鑑三が、日蓮を高く評価し、日本の勝利をむしろ大いに憂慮したことは、今日においても、依然妥当性を有している。

数多くの外国の侵略に苦しめられる苦難をなめ、またもや風前の灯の危機の前にあるユダに向かって、預言者エレミヤは、滅亡することが神の意志であると宣布するのである。日蓮の予言とは違って、エレミヤの預言は的中した。ユダは滅亡し、それにともない、イスラエル民族は、恥辱のバビロン捕囚期を経験しなければならなかった。どうしてエレミヤは、自民族が滅亡することを願ったのであろうか。そしてその結果は、何であったのだろうか。

涙の預言者エレミヤ

エレミヤといえば思い浮かぶ名前、それは〈涙の預言者〉という別名である。「かわいそうなお母さん、どうしてわたしをお生みになったのですか」という絶叫は、盲人歌手李容馥《イヨンボク》だけの叫びではない。われわれは、その叫びがエレミヤから絶え間なく繰り返されていることを見出すのである。苦しみと絶望の泥沼に陥ったヨブの絶叫でもあったその嘆きを差し置いて、エレミヤを語ることはできない。悲しみの歌、涙の歌〈哀歌〉がエレミヤ書の次についていて、〈エレミヤ哀歌〉と呼ばれるようになったのも、それなりの経緯がある。それは、決してエレミヤ一人の歌ではないのである。民族の滅亡のために嘆いていた、全てのイスラエル民衆の悲しい歌であった。民族の悲しい運命を前にして、絶えることなく嘆きつつ、神の意志を伝えなければならなかった、エレミヤの名とともに、その歌を記憶していたため〈エレミヤ哀歌〉と呼ばれたのである。民族と国家が滅亡していく状況において、受け容れられもしない神の御言葉を宣布しなければならなかったエレミヤ、彼の生は、個人的にも苦難の連続であった。国家と民族のために嘆き、その国と民族の運命を代弁するように、孤独な自身の生ゆえに嘆き悲しんだ。それで、彼に〈涙の預言者〉という別名がついたのである。

エレミヤは、ヨシヤ王一三年（紀元前六二七年）に預言者として活動を始め、四〇年間活動しながら、ユダの滅亡を見守り、滅亡後には、エジプトに亡命した人々に引っ張られていって、そこで最後を迎えた（紀元前五八七年）。彼は、ソロモン時代に追われた祭司アビアタルの後裔たちが住んでいたアナトト出身で、イザヤ、エゼキエルとともに、イスラエルの大預言者のなかの一人であり、エレミヤ書は、彼の弟子バルクが記録したとされている。

エレミヤの活動は、大きく四つの時期に分けられる。ヨシヤ王の時代に、エレミヤはこの王を高く評価したが、この時期の活動の記録はない。ヨシヤの改革が失敗に帰した時期であるエホヤキム王の時代に、エレミヤは、不義なる人々に生命の脅威にさらされる。第三の時期に当たるセデキヤ王の時代に、エレミヤは、ユダの滅亡を神の審判として宣布した。合わせて、バビロニアのネブカデネザル王を、〈神の下僕〉と称して、バビロニアに対する抵抗に反対した。このため、彼は反逆罪で投獄されもした。最後に、エレミヤは、ユダ王国の滅亡後、自らエルサレムに留まって、神の鞭《むち》を受けることが正しいと考えたが、亡命派によってエジプトに引っ張られてゆき、そこで死に至る。このようにエレミヤ個人の運命は、ユダの滅亡という、歴史的悲劇の終局を飾るのである。数次にわたる暗殺の脅威にさらされながらも、全身でメッセージを伝えた、エレミヤの生き方の過程全体が、一つの強力な象徴であり、メッセージだったのである。

滅亡して当然の国

消えゆく民族の運命とともに生きた、エレミヤの複雑な生き方とメッセージは、われわれに、実に多くの課題を提起している。特に、エレミヤは個人の行脚としても有名である。自身がまいていた麻布の帯を、ユーフラテス川辺の岩の間に置いておき、数日後、腐って使えなくなってしまったその帯を探し出したり、壺《つぼ》を買ってきて、エルサレムのヒンノム渓谷に持っていって割ったり、軛をして歩いていて、偽預言者ハナニヤに叱責されたりもする。これらすべての行動は、民族の運命を予告する象徴的行為であった。そうかと思えば、彼は突拍子もなく、国の滅亡を前にした状況において、自身の故郷に帰って畑を買ったりもする。それは、再び回復されるであろう民族の希望を象徴する行動であった。このように彼は、様々な奇人行動でメッセージを宣布した預言者であった。

いろいろな面において、エレミヤの言行は特異であった。しかし、何よりも、理解し難い彼のメッセージは、バビロニアの馬蹄に蹂躙される運命にあるユダを前にして、そのいかなる対案も無駄な行為であると叫んだことである。彼は、滅びゆく民族の運命を受け容れよと叫ぶのである。それは果たして、単純な現実論であったのだろうか。そもそも、彼の本心は何であったのだろうか。

そのメッセージの焦点は、ユダの滅亡が、事必帰正《サピルグイジョン》〔万事は必ず正しきに帰す〕、神の審判であるというところにある。エレミヤが、どうして民族の滅亡をそのまま容認したいと思ったのであろうか。彼は涙をもって訴えて、自分の民族が審判を受けなければならない、絶望的な状況から脱することを願った人である。しかし、全く改める可能性のない民族に、やってくるであろう審判は避けられないということを、伝えねばならなかった。それは、正確にいえば、神の御意志に背き、民衆の希望を踏み潰してしまった、国家に対する審判であった。民衆を動員の対象とのみ見なす、民族主義的陥穽《かんせい》、そのイデオロギーで武装された国家主義の虚構、エレミヤの審判の焦点はそこにあった。

しかし、敢えて滅びなければならないと叫んだ理由は何であろうか。それは、これまで維持してきた体制と、そのなかでの生存の方式が、徹底して否定されることなくしては、改善の可能性がなかったからであった。使えなくなってしまった帯、割れた壺、それこそがユダの実相であった。その使い道のないものを捉えていても、何の希望も期待できなかった。エレミヤは、いかに心が痛くとも、誤っているものは放棄せよと叫んだのである。しかし、そのことは、誰にでもできる、容易なことであろうか。正しかろうが誤っていようが、これまで自分のアイデンティティーを維持してきた体制と生存の方式を放棄することは、決して容易なことではない。このようなことには、外部からの衝撃のほかには、特に方法がない場合が多い。エレミヤが、バビロニアの王を、〈神の下僕〉として宣布したのも、そのためである。これは、バビロニア王の正当性を語っているのではなく、まさにその外部からの強い力の前で初めて、自分の運命を知ったユダに向けての叱責として、その正当性を有する宣布である。

全く同じような場合ではないが、タリバーンとアメリカとの対決においても、似た様相を読み取ることができるのではないだろうか。アフガニスタンのタリバーン政権は、腐敗の剔抉と道徳性という面において、全ての政派に比べ、優越であった。まさにその点が、そのうえ外圧がない限りにおいて、一時その政権を維持できた秘訣であった。しかし、恐るべき軍事的攻撃の前に、タリバーン政権は、呆気なく崩壊した。いうまでもなく、外部の支援を全く受けられなかったという事実と、本当に恐るべきアメリカの軍事的威力が、タリバーン政権の直接的崩壊原因であろう。しかし、もう一つ見過ごしできないことは、その政権が、アフガニスタンの民意を、完全に掌握できなかったという事実である。外部の支援を受けられなかったということも問題であるが、ヴェトナムの場合とは違って、民意に基盤を置かず、強圧的に縫合された体制は、急激な外圧には、無力に崩壊するほかないという事実が、一層明らかとなる。イラクのフセイン政権の無力な崩壊も、ある面において、そのような性格を有しているのではないだろうか。エレミヤが、崩壊して当然だといったのは、まさにその体制であった。

　しかし、一方において、われわれには、極めて常識的な期待感がある。力なきものが、力を誇る者の鼻っ柱を見事に圧《へ》し折ってくれればという期待感と、強者と対決している弱者が、無力に崩壊して欲しくないという期待感である。エレミヤは、その期待感が空しい希望にすぎないということを語っている。エレミヤとて、その期待感がなかったはずがないが、それは、より一層酷い民衆の苦しみを生むであろうゆえ、根本的な対案になりえないと泣き叫ぶのである。かえって、高価な痛恨の機会として受け容れる方が、むしろ良いと叫ぶのである。まさしくその地点において、バビロニアの軍隊は、審判する〈神の撤退〉であり、〈神の武器〉になるのである。

　そうだからといって、バビロニアが、正義の側であるというのでは、絶対ない。とんでもない話！　アメリカがいうからといって、自ら正義の勢力にはなりえないのと同じである。実際、エレミヤが宣布している審判の焦点は、バビロニアにあるのである。力を誇り、弱小国を蹂躙するバビロニアこそ神の審判を免れえないというのが、エレミヤのメッセージの真の焦点である。ユダ王権の崩壊は、まさにそのバビロニア崩壊の亜流として迎えるようになる運命である。

エレミヤの涙は、まさにその現実において流すほかなかった、絶望の嘆きなのである。強大国バビロニアの力の前に蹂躙されている〈お前（ユダ）〉は哀れだが、〈わたし（神）〉が〈お前〉を擁護できないその現実、民衆の願いには知らぬ顔をする〈お前たち（ユダとバビロニア）〉皆を、神が裁くことを願うその現実が哀れなのである。ユダの滅亡は、その審判の一局面であるにすぎなかったのである。

誤てるものは、未練なく捨てよ

それ以上支えられなかったユダは、エレミヤの預言通り滅亡した。その指導者たちは、バビロンに捕虜として捕えられていき、数多くのイスラエルの人たちは、国失われた民族の恨《ハン》を抱えて、世界のあちらこちらに散り始めた。これが、ディアスポラ（散らされた）ユダ人の起源であった。

しかし、それは、ユダヤ人の新しい歴史の始まりを意味した。世界の歴史において、ユダヤ人を憶えるようになったのは、まさにその契機を通じてであった。彼らは、初めて自分たちのアイデンティティーを、正当に問い始めた。自分たちに継承された信仰の偉大さを、初めて自覚した。彼らは異国の地で、自分たちの宗教を再び立て直した。今日まで伝えられている旧約聖書が形成されたのも、まさに捕囚の地においてであった。以前から伝えられてきた信仰の伝承の数々、断片的な聖書記録が集大成された。これによって。ユダヤ人たちは、国と民族が解体された、まさにその状況において、初めて真の一つの民族として生まれ変わったのである。徹底して自分たちの存在が否定されずに、曖昧に命長らえるだけの歳月を送っていたならば、どうなっていただろうか。多分、ユダヤ人たちは、ただ中東辺境の小民族の一つとしてのみ記憶されたかも知れない。そうでなければ、あれやこれやと命長らえていて消え去り、その存在すら忘れ去られたかも知れない。しかし、彼らは聖書とその信仰を人類史に残すことによって、一つの小さな民族に終らず、世界史に光を照らす存在として、そそり立つようになった。決して昔の栄華を再び回復することはできないが、世界の歴史に存在した、そのいかなる強国と民族よりも、より強力な影響を及ぼすようになった。

彼らは、自分たちの存在が、他意によって否定された悲劇を、誤った過誤を洗い流して、悔い改める機会にした。国が滅亡することを願ったエレミヤ預言の意味が、結果的に的中しただけではない。しかし、まさにその預言を心に刻んで置いたがゆえに、彼らは、絶望の状況を希望の状況に変えることができたのであった。

危機は即好機である。危機を引き起こした原因を診断して、すぐに適切な対策を講じたならば、新しい活路を見出すことができるからである。危機を恐れるより、自らを顧みる機会として受け容れる人に、危機は好機になるのである。湯のなかの蛙の比喩がある。水を急に熱くすると、蛙は感知してすぐに躍び出す。しかし、水を徐々に沸かしていくと、全く感知できないままにいて、ある瞬間息絶えてしまう。誤ったことが分かった瞬間、未練なく捨てるならば、新しい可能性を見出すことができる。しかし、誤っていることを知りながらも、ぐずぐずしていると、それ以上新しい機会がやってこないこともありうる。他意により新しい機会をえることもできるが、自ら新しい機会を享受できるとすれば、より一層値打ちがあるではないか。

注1　ケルビム（Cheribim）：獣のような体と人間の姿を同時に持ち、翼を持つものの姿をしている。古代近東地方のいろいろな絵画に見張りとして登場し、聖書では、エデンの園を守る存在、神殿の契約の箱を守る存在として知られている。

注2　レビ人：ヤコブの子レビの後裔たちで、伝統的に別途に土地を分配されることなく、祭司の役割をしてきた。

第三章　わたしが立っている場所

一、功なせば留まらず

ギデオン（士師記六章一節〜九章五七節）

退くべきときを知っている人

退くべきときを知っている人は、後姿が美しいというではないか。韓国社会では、そのような人に、容易には出会えないゆえに、その言葉の意味が、今さらのように新鮮である。政治権力を掌握した人は、滅多にそれを手放そうとはしない。退くべきときを知らない最高権力者たちが、専横をほしいままにしたのが、韓国現代史の大きな悲劇のうちの一つである。権力というのは、父子の間でも分かち合うものではないという、俗説に忠実な権力者たちが連想されるだけである。そのように権力を掌握し続けた人たちは、最後まで自身も不幸であっただけでなく、歴史にも大きな弊害を残した。退くべきときが分かっていたならば、後々まで〈国父《グクブ》〉として尊敬されるに相応しい人たちもいたが、そのような前例は、見出すことができない。それだから、選挙があるたびに、任期と重任如何を巡って、論難を繰り返さねばならず、挙句の果てに、窮余の策として、大統領の単任を制度化するに至った。

大企業経営者たちの場合には、より一層深刻である。所有主という概念が、社会的に保障されているためであろうか。よだれを流しながら病床に横たわっている状況に至っても自分が起こした企業から、手を放そうとしない。ほとんどの企業家たちは、命尽きるまで、自身が起こした企業は、自身が責任を負わねばという非常に重い〈使命意識〉を抱いているようである。命尽きた後になっても、その企業は、血肉上の分身に代々継承されるのである。いわゆる〈族閥世襲経営〉である。生きている間に退くことは、考えることもできないだけでなく、死んでも退くつもりはないという意志の表現ではないだろうか。

このようなわれわれの現実において、柳韓洋行の創設者柳一韓《ユイルハン》先生は、後姿がより美しい場合に該当するであろう。彼は一九七一年世を去るに当たり、息子に、「大学まで勉強させたのだから、今後は自立して生きよ」という遺言だけを残し、数百億ウォンにもなる財産を、社会に還元した。「人間は死んで、金を残したり、名声を残したりもする。しかし、最も値打ちのあることは、社会のために残す、その何かである」という言葉のように、亡くなると、自身の全財産を社会に還元したのである。彼の行動は、財産と企業は、個人のものではなく、神が委任したものであるから、企業主は所有主ではなく、単なる管理人にすぎないという信念からきたものである。彼は生前に、「心を込めて薬品を作って、国家と同胞に奉仕し、正道で誠実であり、良心的な人材を養成・輩出し、企業を育成して働きの場を作り、正直に納税し、残ったものは、企業を育んでくれた社会に還元する」と語っていた。そのような信念は、企業を経営する次元においても、一貫していた。「企業は、一人や二人の手で発展するものではない。いろいろな人の頭脳が参与して初めて、発展するものである。磨き抜かれた技術者と訓練された社員は最大の資本である」といって、従業員たちが、安心して働くことのできる環境を整えた。企業経営の原則が、基本的に利潤追求にあるにもかかわらず、その利潤の源泉がどこにあるかを知り、社会的公共性の原理を追求したのである。その点において、柳一韓先生は、単に一企業の創業者であっただけでなく、公人としての社会的責任を全うした、一つの亀鑑として記憶されている。それこそ、自身が立っている場所と、自身が培ったものに対して執着せず、退くべきときと、返すべきであることを知っていた、稀に見る人物であった。

老子は、「功なれば留まらず」といった。聖書の主人公ギデオンは、まさにその亀鑑となるに相応しい人物である。

典型的な士師ギデオン

イスラエルに王がいなかった時代、イスラエルを統治していた指導者たちを称して、〈士師〉という。士師たちは、官僚体制も常備軍もなかった時代に、平時には、民衆間の紛争を調整する裁判官の役割を、外敵の侵入時には民兵を率いる軍事的指導者の役割をした。士師たちが統治していた頃、イスラエルの社会は、極めて独特であった。周辺の国々は、王を中心に常備軍と官僚体制を形成していたが、イスラエルには、そのような社会制度はなかった。イスラエルが、まだ発展できなかったからだけではなかった。イスラエル社会の性格は、イスラエルが信じていた信仰と深い関係があった。不平等な専制王権体制の奴隷状態から解放を経験した彼らであったがゆえに、再びそのような社会を容認してはならないという信念《ミドウム》であった。自分たちをエジプトから解放させた神は、決してそのような不平等な社会体制を許容しないという信念でもあった。士師たちは、まさにそのような社会を守る、独特な役割を担った指導者たちだったのである。

その士師のなかで、最もたやすく浮かんでくる人物が、ギデオンである。多分、聖書において、ギデオンに関する説話が大切に扱われており、彼の行跡が格別に印象深いからであろう。〈ギデオンと精兵三〇〇人〉は、一つの慣用句となるほど人々にはなじみ深い。僅か三〇〇人の少数精鋭で、ミディアンの一〇万余の大軍を撃ち破った勇士であるうえに、バアルの祭壇を打ち壊した熱烈な信仰の守護者という印象が重ねられて、ギデオンは典型的な士師として連想される。

しかし、実際聖書が伝えているギデオンの説話は、極めて複合的である。彼が、二つの名前を持っていることからして、その複合的な性格が現れている。聖書において、二つの名を持つ人物たちの場合、大体新しい名前が以前の名前に代わる。しかし、ギデオンの場合には、特異なことに、二つの名が同時に混用されているのである。また、本当に三〇〇人の精兵で一〇万余の大軍を撃破できただろうかという点も、問題にすると疑問でもある。可能なことであるか否かを問題にする次元ではなく、聖書に、実際の戦闘において、その精兵たちでなく他の兵士たちがいたと推定される題目があるからである。ナフタリ部族、アシュル部族、マナセ部族の人々を召集して、ミディアン軍を追撃したという説話（士師記七・二三）は、送り返した兵士を再召集したという暗示をしている。そのうえ、ミディアンとの対決の性格自体が、実際にどのようなものであったかについても、疑問だらけである。イスラエルの民とミディアンの関係は、微妙である。モーセの舅がミディアンの人でもあり（出エジプト記一八・一、民数記一〇・二九〜三一）、ヨセフをエジプトに連れていった人もミディアンの人であり（創世記三七・二八）、ミディアンは、アブラハムの他の息子でもある（創世記二五・二）。ミディアンとイスラエルの関係は、ときには友好的であり、時には敵対的であった。ところが、カナン南部の半遊牧民集団として知られたミディアンが、果たして、かくも多数の大軍を動員できるほどの勢力であったか、疑問である。ギデオン伝承に関する疑問は、王になろうとした彼の息子アビメレクに関する説話と結びつけると、より一層複雑になる。

功なせば留まらず

さまざまな疑問にもかかわらず、聖書は、典型的な士師としてギデオンの役割を明確に伝えている。

エルバアル（バアルは自ら争う）とも呼ばれるギデオン（投げ倒す者）は、マナセ部族アビエゼルの子孫であった（士師記六・一一、六・一五）。彼が士師として召される場面には、聖書においてなじみの動機が出てくる。家門が卑賤であるということと、その家門においても、最も幼い人にすぎないということである。召される以前、彼は精兵としての姿を全く有していなかった。彼はせいぜい、ミディアンの人たちの目を恐れながら農事を営む村夫にすぎなかった（士師記六・

一一）。聖書において、神に召される人は、いつもこのような人たちである。最も見すぼらしい人が、神に認められて、大役を果たすことを、聖書は極めて一貫して伝えている。士師ギデオンも、聖書のそのような人物像に、極めて適合している。

そのうえ、ギデオンの三〇〇人精兵の説話は、その突拍子もない（？）聖書の動機を、実に劇的に現してくれる。一二万の大軍（士師記八・一〇）に対抗して、三〇〇人だけで勝利したということは、その戦争の性格が、物理的な力の対決、軍事力の対決にあるのではないことを物語っている。この説話は、その戦争が、神の介入により勝利した戦争であることを示しているのである。

この説話において三〇〇人の精兵が選抜される過程は、実に興味深い主題のなかの一つである。神は、多くの軍隊で戦って勝利すると、自分たちに力があったゆえに勝利したと錯覚するのではないかと思い、少数だけを選ぶよう命ずるのである。ギデオンが集めた兵士たちのうち、二万三千人は自発的に帰っていく。彼らはおそらく、臆病者たちであったのだろうと断定しても、大きな問題はないであろう。しかし、彼らが抜けた後の一万人のなかから三〇〇人を選抜する方式は、納得することは容易ではない。彼らに水を飲むようにしたところ、ある人たちは、犬のように舌でなめて飲み、ある人たちは、行儀よく膝をついて水を飲んだ。その二つの部類の違いが、何であるというので、神が、舌でなめて飲んだ人だけを選んだのだろうかということは、疑問である。宗教史と人類学の研究成果から見るとき、動物のように水を飲むのは、注意深くない人々を現している反面、膝をついて飲む人々は、いつでも後ろからも攻撃してくることのできる、敵に備える態度を整えた注意深い人々である。ところが、聖書において、神に選ばれた人は、その反対であるゆえに、本文が訛伝《かでん》されたものと見たりもする。この問題のゆえに、あたふたと水を飲む人は、勇気があり、果断性のある人を現しているのに対し、注意深く膝をついて飲んだ人は、小心の人を現していると見る見解もある。そのように見えてこそ、本文の内容と一致するというのである。しかし、その方法の適合性を考証することは容易なことではなく、それを立証することが、この物語の真実を左右するのでもない。この説話において重要なことは、少数の精鋭兵士で、大軍を撃退したということである。

神の介入、いわば聖書はそのように表現している。それを、それこそ超自然的な神的介入として理解するとすれば、それ以上の疑問は必要ではない。しかし、それは単純に超自然的な事件ではなく、常識を超えるある事態を示唆している。いかに優れた用兵術を駆使するとしても、三〇〇人で一二万人に勝てるだろうか。軍事的常識では不可能である。聖書において、神の介入は、軍事的対決とは全く異なった方式で勝利を収めたことを語っている。そのような事例は、ヴェトナム戦争においてもあった。当代最高の軍事力を保有したアメリカ軍が、どのようにヴェトナムから敗退しただろうか。その事態を、軍事的対決の側面からだけで見ると、ホー・チミンの卓越した用兵術、すなわちゲリラ戦の勝利である。しかし、それは一面の真実であるにすぎず、その戦争の勝敗要因は、軍事的対決ではなく、民心にあった。民心は天心なりといったではないか。神の介入は、そのように、軍事力に正面きって対応しない、全く異なる動因をいう。実際の歴史において、当時のミディアンとイスラエルの軍事力がどうであったか、立証する必要はない。その説話が伝える真実は、民心、すなわち天心を知っていた指導者の勝利であるというところにあるからである。神が選び、ギデオンが率いた三〇〇人は、その民心の向かうところを、明確に知っていた精兵たちであったというべきであろう。

そのように、その精兵たちを率いて、勝利を収めたギデオンは、人々の尊敬を受け、ついには王に推戴されるであろう状況に至る。しかし、ギデオンの立場は、断乎としていた。「わたしはあなたたちを治めない。息子もあなたたちを治めない。主があなたたちを治められる」(士師記八・二三)。ギデオンの態度は、士師時代のイスラエルの信仰と精神を端的に表現している。合わせて、地の上のすべてのものを神のものであると見た、聖書の精神を集約している。物質とともに権力は独占されえないというのが、物質と権力に対する、聖書の基本視角である。全てのものは神のものであるということは、神の前では、誰もが公平であるゆえ、誰もが同等に享受するのみであることを、物語っている。これは、手続上の正当性さえあれば、権力は誰かに委任されうるものであるという、一般の通念とは全く異なるものである。ギデオンは、意外にも、〈正当に〉自身が専有しうる権力を拒否している。功をなしたが、その功を基盤にして、権力の座に登ろうとする全ての期待と欲望を拒否したのである。ギデオンは、その権力が、自分だけのものになりえないということを、よく知っていたのである。それは、神《ハヌル》のものであり、同時に全ての民のものなのである。

老子は、「最もすぐれた君主というものでは、ことさらな政治はしないから、下々《しもじも》の民はただそういう人がいるということをわきまえるだけである。その次の君主では、恵みを施すから、民はその君主に親しみなついて誉めたたえるものである。その次の君主では、刑罰をきびしくするから、民はその君主を恐れることになる。さらにその次の君主では、民はその君主をあなどるようになる」(『老子』一七章。金谷治の『老子』の訳より）といった。ここで、統治者の理想は、功をなして、全てのことが全うされても、民がそれを、自らそのようなものであると知ることである。真の指導力は、指導者が自身を前面に建てることではない。当然自分に回ってくるであろう功すらも、自分の指導力をあらしめる、その人たちに返すことである。自分の勝利を神の意志として知り、民の献身の結果であることを知る指導者、ギデオンが典型的な士師として記憶されうるのは、まさにそのためである。

後日譚、指導者に望む人間の期待心理

しかし、聖書は、ギデオンの説話の終わりに釈然としない経緯を伝えている（士師記八・二四以下)。権力を断乎拒否した彼が、戦利品を要求しているということである。聖書は、敢えてギデオンに欠点をつけようとはしていない。それを、不当な取得であるというよりも、ありうることであるという程度として伝えている。しかし、人々がそれで造ったエフォド（守護神）を拝む

ようになると、それが、ギデオンとその一族にとって罠となったと伝えている。

この説話は、その後に続く、彼の息子アビメレク説話の前兆に該当する。ギデオンの数ある息子たちの一人であるアビメレクは、母の実家の勢力を背景にして王位に就いた。彼は三年間統治したが、結局一人の女が投げた挽き臼の上石《うわいし》に当たって死に至る。〈女の挽き臼の上石に当たって死んだ最高権力者〉、聖書の対比語法は、いつもこういう風である。権力とは程遠い女、そのうえ、武器とは全く無関係の日常の道具である挽き臼は、民の日常な力を意味する。それが、不当なる権力を打ち滅ぼすのである。ともあれ、アビメレクの逸話はそのように終わるのであるが、その説話は、ギデオンの一家に対するある事実を示唆している。

その名からして、〈私の父は王〉であるという意味のアビメレク、人々に推戴されたギデオン、権力を拒否しながらも、戦利品を専有するギデオンの行為は、彼が王のような地位を享受したかも知れないという、推測を可能にする。実際に、ギデオンは王のような地位を享受したであろうか。彼が王として即位しなかったのは明らかである。しかし、彼はほとんどの士師たちとは異なる、特別の尊敬と期待を受けていたかも知れない。そうだとすれば、ギデオンは、陰険にも中身を取ったというのであろうか。

しかし、問題は、ギデオンの陰険な本心以前に、権力に対する普通の人々の期待心理である。危機に陥ったとき、誰かに依存したいと思う属性である。危機があるごとに提起される国家安保の論理や家父長的イデオロギーは、そのような心理を背景としている。実際、士師の時代は、平等な自律共同体の理念とともに、誰かに依存したいと思う人たちの期待心理を、同時に見せている。その両面を同時に見せる役割をした士師たちの登場自体が、そのことを物語っている。しかし、われわれは、ギデオンには責任を問わないでいながらも、その後光を利用して王になろうとした、アビメレクの罪科を明確に指摘している聖書の意味を、深く心に刻むべきであろう。イソップ寓話の〈蛙と王様〉の物語と全く同じ〈ヨタムの寓話（注1）〉（士師記九・八以下）は、独りで生きていけず、誰かに依存したいと思う人々の期待心理の虚像を指摘している。その寓話は、権力自体に対する批判であると同時に、その権力に依存したいと思う期待心理に対する省察でもある。

去る二〇〇二年、ワールドカップを前に、人々は特別なサッカー指導者を望んだ。ヒディンクは、その期待に相応しい指導者と判明した。しかし、興味深いことは、ヒディンクの指導原理のうちの重要な一つが、選手たちに、〈君たちは強いのだ〉という事実を、目覚めさせているという点である。一人一人が自らの力で立つならば、特別な指導者に依存する理由はないのである。指導者として登場した人たちが、退くべき地位から退くことができず、最後まで執着しているのは、ことによると、人々が自らの力で立つことができないからでもありうる。鶏が先か、卵が先か。

二、涸れることなき泉水

エリシャ〈列王記上一九章一九節～列王記下一三章二一節〉

ファスブン

田栄沢《ジョンヨンデク》〔小説家、キリスト者〕の短編小説『ファスブン』は、日帝の収奪が加速化していた時代に、窮乏した環境のなかで死んでいった、ある夫婦の残酷な実相を写実的に描いている。小説の語り手〈わたし〉は、玄関の門脇部屋に賃借りして暮らしている、門脇部屋住いの下男とその家族の悲惨な生活を、淡々と語っている。

ある寒い冬の夜、〈わたし〉は、夢うつつに、門脇部屋に賃借りしている下男《アボム》の泣き声を聞いた。翌日になって分かったのは、数日前、彼の妻が、上の子供を他人の家にやったからであった。そのまま連れていると、死ぬ状態だったのである。下男の名前はファスブンで、彼は、もと楊平《ヤンピョン》の金持ちであった。そのことがあって数日後、ファスブンは休暇をとって田舎にいったが、一〇日がすぎ一五日がすぎても、帰ってこなかった。三歳になる子供を連れて暮らしている彼の妻は、今か今かと待っていたが、ファスブンの住所を手に入れて手紙を出したが、ファスブンからは便りがなかった。結局、ある寒い日に、下女《オモム》も後を追って田舎にいった。〈わたし〉は後に、弟からその後のファスブンの消息を聞いた。

田舎にいったファスブンは、兄に代わって仕事をしていて、過労のために病床につくようになったが、妻の手紙を受け取ると、人々が引き止めるのも聞かず、妻と子供を連れくるべく出かけるのである。身を切るような寒さのなか、山を越えていたファスブンは、妻と娘に会った。ファスブンはワッと駆け寄って彼らを抱きしめた。翌日の朝、道を歩いていた薪売りが、若い男女が抱き合っている屍体と子供を発見し、子供だけを牛に乗せていった。

〈ファスブン〉、財宝の器で、そのなかに何でも入れて置くと、どんどん増えてひっきりなしにできそれで財物が次から次へとできて、どんなに使っても減ることがないということを意味する言葉である。それが、小説の貧しい主人公の名前である。彼の娘たちの名は、〈貴童《グイドンイ》〉であり、〈玉紛《オウブンイ》〉である。悲惨な飢餓の状況とは正反対の意味をもつこれらの名前は、逆説的に、窮乏した時代の人々の熱望を現している。

そのように期待する人々は、窮乏した時代の人たちだけであろうか。冷酷な時代を生きていく全ての人々は、また違った〈ファスブン〉を熱望している。なすことがうまくゆかないとき、自身の前途がパッと開かれてくれたらと思う人、疲れ果てているとき、穏やかな休息を享受したいと思う熱望などは、誰もが抱いている希望である。

聖書の主人公エリシャは、全ての人々にその熱望を成就させる、ファスブンのような人物である。

公私多忙な人

預言者エリシャは、多くの点で彼の師エリヤに似ていた。多くの奇跡を行った預言者として、いつも人々に囲まれている姿がそうである。しかし一方、エリシャはいろいろな面で、師とは異なっていた。彼の師エリヤが、いつも貧しい人々と共にあり、大義に忠実な理想主義的な姿であったとすれば、エリシャは、貧富貴賎の境界を越えて、様々な部類の人々と交わり、改革の理想を繰り広げた、現実主義的な姿を呈していた。エリヤが、いつも権力と対立関係にあって、王に〈国を駄目にした者〉であると非難されていたのに対し、エリシャは、王に〈国父〉と呼ばれている。

交友関係が広いからであろうが、エリシャは師のエリヤより遥かに多くの話題を持っていた。彼はそれこそ、公私多忙であった。国の内政はいうまでもなく，国際関係にまで深く介入して、助言者として奔走していたかと思えば、往来で出会う人々の熱望にも、深い関心を傾けた。公私多忙だと、〈公私がすべて駄目になる〉のだろうか。公私は一緒になし遂げることが、容易でないことを称する笑い話であろう。実際外で有能な人が、家のなかでは、特に歓迎されない場合が多い。また、大義に忠実な人が、小事に鈍感な場合も多いのである。そのような人に出会うとき、人々は、彼の生き方の正当性は認めながらも、どうしてか、人間的な情を感じることができないのである。それで、結局は正しいことをしながらも、人も失い事も成就できないという、不幸な事態が時として起こるのである。

そのような現実を考えるとき、エリシャは確かに魅力的な人物である。彼は、少なくとも、イスラエルとシリア二国の政権交代に介入するほど、国際的な識見を有していて、深刻なことに没入したが、極めて些細な事であっても、疎かにはしなかった。エリシャが行った数多くの奇跡的な事件は、彼が、日常を生きている人々が望んでいるものが何であるかを見つめ、その熱望に応えたことを物語っている。一つのことを十分にやりこなすことも困難であるのに、どうしてそのように多くのことができたのであろうか。国事を左右する途方もないことをしながらも、どうして平凡な人々の望みにも関心を寄せることができたのであろうか。説話的な主人公であるのだから、そのように脚色されたという点を勘案するとしても、彼が有している特別の面貌は、人々が彼をどのように憶えているかを示している。彼は単純に仕組まれた物語の主人公ではなく、そのように特別に記憶されるほかなかった、生の真実を体得した人であった。

不腐した権力を見て批判の声をあげ、誤っている民衆を見て叱責する預言者である前に、エリシャは、全ての境界を躍び越えて、人々の切迫した問題に答えを見出してくれている。彼は真に人間を愛している預言者であった。

希望は奇跡を生んで

エリヤの弟子であるエリシャは、エリヤと活動の背景を共有している。アハブ王の子ヨラムの統治時代に活動を始めたエリシャは、彼自身が介入した予後の革命でなされた、予後王朝の時代まで活動した（紀元前八五〇〜八〇〇年）。民衆の生活の要求に深く関心を寄せたエリシャに関する伝承は、豊富な奇跡説話として特徴づけることができる。

最初に登場する奇跡説話は、エリシャ自身の活動を予告している。人々はエリシャに対し、水が悪いから人々が流産している事態を解決して欲しいと要請する。エリシャは、その水の源を浄化して、二度とその水のために人が死んだり、流産することがないように、奇跡を行うのである。それは、希望を失った時代に希望を蘇生させる、エリシャの役割を象徴している。ところが、この説話には、多少ギクッとするような話が、一緒についている。その奇跡を行ってベテルに上っていくエリシャに対し、小さい子供たちが、「はげ頭、上って行け。はげ頭、上って行け」と嘲る事態が発生する。エリシャが、主の名によって彼らを呪うと、森の中から二頭の熊が現れ、そのうちの四十二人を引き裂いたのである。一見すると、この説話は、一般の人々の近くにある、エリシャのやさしい姿とは全く似合わない。しかし、この説話は、死の気運が立ち込めている水の正体が何であるかを、明確に象徴している。それはほかでもなく、人間性喪失の世相を物語っているのである。その不幸な世相が、二度と代々伝わってはならないという、強力なメセージをそのように表現しているのである。

エリヤのサレプタのやもめの説話に似た、やもめの油の壺の説話も印象的である。食べる物がなく、最後に残った小麦粉と油でパンを焼いて食べ、死を待たなければならなかった、サレプタのやもめの境遇と同様、エリシャの弟子であった、夫を亡くし、債権者がきて子供二人を連れ去り奴隷にしようとしているという状況に置かれた一人の女人が、エリシャに切々と訴える。師の時代と似た話が、エリシャの時代にも繰り返されているということは、民衆の社会的飢饉状態が、持続していることを物語っている。その困った事情に接したエリシャは、やもめに対し、外に行って近所の人々皆から空の器をできるだけたくさん借りてくるようにいうのである。そして、家のなかにある残っている最後の一瓶の油をその空の器の全てに、油を注ぐようにいう。用意した器がどれも一杯になって初めて、油は止まった。エリシャは、そのように一杯になった油を売って負債を払い、その残りは母子の生活費にするようにいうのである。サレプタのやもめの説話は、そのやもめの開かれた心が、希望の目を育むということを教えている。同様に、この説話も、奇跡は単なる施しの事件ではないことを示している。最後に残った一瓶の油は、絶望的状況にあっても、決して朽ちることのない一片の希望を象徴しており、やもめが用意した器を一杯にした油は、絶望に陥った人が希望の芽をふかした行為に該当する。エリシャは、すぐにも負債を払いうる金のいくらかを、やもめに握らせたのではなく、自らの力で生きていくことのできる希望を一杯一杯にしたのである。

生活において感じる喪失感は、貧しい人々だけにあるのではない。他人の目には、それ以上望むものがないように見える人々にも、足りないものはあるのである。シュネムの婦人の説話は、そのような状況を示してくれている。シュネムの婦人は、裕福で何一つ不足しているものがなく、何不足ない暮しを有り難く思う美徳も備えていた。しかし、婦人には、一つだけ足りないものがあった。全てのものを備えていながらも、子供がいなかったのである。エリシャは、婦人が要請してもいないのに子供が授かるようにするのである。いわゆる、裕福に暮している人々、他人の目には何不自由ないように見える人々にも、欠けている所がありうるということを、エリシャは見破ったのである。ところが、その子供が突然死んでしまう。シュネムの婦人は、望みもしなかった子供が授けられたかと思うと、どうして、この深い喪失感を味あわせるのかと抗議する。しかし、エリシャは、死んでしまったシュネムの婦人の子供の体の上に自らの体を重ねて、その子供を生き返らせる。この説話は、全ての物を備えたこの婦人に欠如しているものが何であるかを喚起させる、劇的な効果と共に、生命の道が何であるかを呼び起こしてくれている。〈神の人〉エリシャと、純なる霊魂を有している幼い子供の結合で、生命は死を越えて立ち上がるのである。希望の伝道師として、エリシャの一貫した行跡であった。

希望の伝道師、奇跡の預言者エリシャの歩みは、いかなる境界にも妨げられることはない。エリシャは、敵国の司令官ナアマンの重い皮膚病まで治療する奇跡を行う。重い皮膚病にかかったシリアの司令官ナアマンは、イスラエルを攻撃したとき、捕虜として連れて来た幼い少女を通じて、イスラエルに霊験あらたかな預言者がいることを知った。ナアマンは、外交的経路を通じて、エリシャに接触を請い、ついにエリシャに会った。ヨルダン川に行って七度身を洗うと、重い皮膚病が清くなるであろうという言葉に、憤慨して去っていこうとしたナアマンは、家来たちの懇請により、ヨルダン川で身を洗い、元に戻って、清くなった。そのようにして身が清くなったナアマンは、イスラエルの神こそが真の神であると認め、丁重なる答礼を自ら請うた。しかしエリシャは、真の神のちからが分かればよいのであって、答礼には及ばないと、拒絶するのである。敵国の司令官を治療する行為は、一見理解しがたい状況であるが、この事件は、神の恩寵は、人間の設けた境界で制約されることはないということを、雄弁に現している。ここでエリシャは、人間をして、自身の利害関係にしたがって、敵としてまたは同志として見なす通常の観念を躍び越えて、ナアマンを人間として対しているのである。ところが、エリシャの弟子ゲハジは、師の名を騙《かた》って、ナアマンから対価を受け取った。そのことを知ったエリシャは、ナアマンの病いが、ゲハジとその子孫までもまといつくことになると宣言する。ゲハジのしくじりは、恵みを分かち合うという行為を、対価のやり取りという関係に貶めた人々の常識に対する峻厳なる警告である。

そのようなエリシャの心は、シリア兵がサマリアに捕らえられてきたとき、処刑すべきであるという王の主張を退けて、彼らを歓待した後、送り返したという事件にも現れている。聖書は、シリア兵が、殺されるどころか、歓待までされて送り返された後は、二度とイスラエルを侮ることはなかったことを伝えている。

この他にも、エリシャの行跡は、すべて奇跡説話で満ちている。大麦パン二十個で百人を食べさせたり、死の毒が入っている煮物から有害なものをなくさせたり、弟子たちが誤って、ヨルダン川に落とした斧を取り戻したりするなど、興味津津なる説話が一杯である。それは、エリシャがそれだけ、人々の日常の暮らしに密着していたことを物語っている。

希望の噴出口

エリシャの奇跡説話を読むと、それらの説話が、あまりにもイエスの奇跡説話に似ているという印象を受ける。その点において、エリシャの師エリヤがそうであるように、エリシャもイエスの前兆に該当する人物である。換言すれば、エリヤとエリシャに投影された、民衆の夢と希望が、イエスにも持続されたのである。預言者エリシャは、生きることに希望をなくしていた様々な階層の人々に、真に生きることの意味を目覚めさせてくれる、希望の伝道師であり奇跡の預言者であった。

しかし、彼の行為は、非政治的なものだけではなかった。彼は師と同じように、歴史の現実に対する鋭敏なる洞察と眼目を兼備していた。彼は、当時の激動している国際政治の現実の真っ只中にあって、すべての大きな事件に直接介入した。前述したように、彼はシリアの王朝交代とイスラエルの王朝交代に関与した。シリア王ベン・ハダドに代わってハザエルに王位が継承されるであろうことを、事実上教唆したし、イスラエル王ヨラムに代わった後にも、王位の継承を教唆した。それは、彼がそれだけ現実を深く知り、それに対する責任を深く痛感していたからこそ可能であったのである。彼はまた、その時代を生きていく人々の切実な願いが何であるかについても、深く分かっていた。エリシャは、その熱望を読み取り、その熱望の噴出口を見出すことを知っている人であった。政治的公人エリシャと、日常を生きていく人々の訴えていることに応えるエリシャは、異なる二つの存在なのではなく、切り離すことのできないエリシャの真の実体であった。

涸れることのない泉水のような指導者、間断なく出し続ける金のなる木のような指導者エリシャを思いこがれるのは、今日のわれわれの暮らしがせちがらいからであろうか。

三、アイロニーの知識人

イザヤ（イザヤ書一章〜三九章）

第五共和国と李奎浩《イギュホ》長官

韓国社会において、学者が官僚として入閣することはよくあることである。その個人の立場からすれば、自身が身につけていた学問で社会に寄与できるのであるから、そう大して悪くない機会であろう。国政を担っている当局者の立場においても、財源をえたことになるのであるから、結構なことである。平常の状況であれば、大体そのように肯定的に評価して過ぎてしまうこともできる。しかし、政権の正当性が問題視される場合や、政権の性格と学者の立場が一致しないと判断される場合には、深刻な罵詈雑言を浴びせられることもある。これら二つの事態は、大体重なる場合が多い。正当性が脆弱な政権は、常にその弱点を補完するか、手懐《てなず》ける方法を講ずるものであり、その方法の一環として、いわゆる国民的イメージのよい人たちを、自陣営に引き入れる政策を取るのである。このような経緯で、良識ある学者が、正当性が欠如した政権の罠にかかる場合が少なくない。

その標本のなかの一人の人物が、第五共和国時代の李奎浩文教部《ムンギョブ》〔文科省〕長官である。全斗煥を中心とする、新軍部のクーデターで登場した政権が、第五共和国である。その統治の効力を抹消することはできないが、少なくとも、その政権が合法的な正当性を有しえないということは、すでにクーデター主謀者たちを審判した、司法機関の判決を通じても立証された。まさにその政権の初期に、韓国の教育行政部署の長官として、最長の任期を記録した人が、李奎浩文教部長官である。彼は、一九八〇年五月二二日から一九八三年一〇月一四日まで、三年六か月間長官として在職した。この在任期間は、取り分け寿命の短い教育部長官の任期としては、極めて異例である。一九八〇年、〈ソウルの春《ボム》〉が、傷跡だけを残して歴史の裏街道に退いたまさにその時点で、優れた言語哲学者である李奎浩氏は、教授職から長官に身分を変えて、赫赫《かっかく》たる功をうち立て始めたのである。彼の在任期間が長かったのは、彼が教育行政の首長として、成功的治績をなしたからではなかった。正当性なき政権の正当性を作り出すのに、彼の学識が必要だったからであった。彼は、文教部長官を辞して後、統一院長官を歴任したかと思えば、その後も、外交官として、大学の総長として陽の当たる場所を歩いていて、世を去った。

彼が、哲学の教授から長官に変身したとき、彼自身に、個人的にどのような正当なる動機があったかは分からない。生きること自体が〈言葉遊び〉であるという彼の持論のように、適切なる〈言葉遊び〉の必要性のためだったのであろうか。しかし、公人としての彼の社会的役割は、明らかに矛盾していた。彼は端的にいえばアイロニックな知識人であった。彼は、当代の若者たちに最も影響力のある知識人の一人であった。彼の代表的な著書『知《ア》ること《ム》と行《ハ》うこと《ム》』は、当時の若者たちには必読書であり、運動圏の学生たちには、〈意識化〉の教材としてあげられる書であった。しかし、その著者が長官としていた頃、彼の書は禁書目録にあげられたりもした。若い学生たちは、禁書目録にあげられた長官の著書を読んで、その長官が吐き出す言葉に抵抗した。これは何というアイロニーであろうか。

二〇〇二年に他界した李奎浩博士は、最後の著作『虚言《ゴジッマル》、真言《チャムマル》そして沈黙《チムムク》』を遺稿として残した。他界直前の書の八番目の章である〈沈黙の瞬間〉を執筆し始めて、原稿用紙五枚を書き上げたが、その最後の文章はこうである。「言葉なきことが、最も立派な言葉になりうる」。生涯の最後に至って初めて、その真実を悟ったのであろうか。そうでなければ、その真実を早くから体得していながらも、〈曲学阿世〉したというのであろうか。一時の行跡で彼の全生涯を評価することはできないであろうが、正当性なき政権に参与して、彼が吐き出した言葉を、どんなに理解しようとしても、その正当性を認めることは困難である。少なくとも、第五共和国の時代、彼は博学な自身の知識を、全くとんでもない方向に活用したのである。

聖書の主人公イザヤは、極めて博学多識の預言者として知られている。その上、彼は出身の家柄までが有力であった。しかし、彼の行跡は、彼が自身の博学多識であることを、全く違う方向に活用したことを示している。その点において、イザヤもまた、アイロニックな知識人のうちの一人であった。しかし、彼のアイロニーは、李奎浩長官とは正反対の意味においてであった。

エルサレムのイザヤ

イザヤは、エレミヤ、エゼキエルと共に、イスラエルの三大預言者中の一人である。書物の分量も膨大であるだけでなく、最も長期にわたって活動を行った預言者として知られている。それだけでなく、神学思想の側面においても、イザヤは最も顕著な痕跡を残した預言者である。しかし、実際に預言者イザヤは、唯一の人物ではなく、三人のイザヤに分けられるといわれる。

最初のイザヤは、エルサレムを中心にして預言活動を展開したとして、〈エルサレムのイザヤ〉ともいわれる。最初のイザヤだけでも、その活動年代は、文書の預言者（注2）のなかで最も長い。イザヤは、預言者ミカが活動した時期より、少し早くに預言者活動を始め、おそらく、アッシリアがユダを侵攻した年（紀元前七〇一年）まで活動したと思われる。ミカとは長期にわたって背景を共有してはいるが、帝国の侵略を経験しなかったミカとは違い、イザヤは北イスラエルとシリア連合軍の侵略（紀元前七三五年）も経験しており、アッシリアの侵略（紀元前七〇一年）も目撃した。彼の活動期間は、イザヤ書第一章において明らかな通り、ユダ王ウジヤとヨタムとアハズとヒゼキヤの時代にわたっている。

イザヤの活動年表

範囲	名前	活動場所	活動時期	当時の帝国
一～三九章	第一イザヤ（エルサレムのイザヤ）	エルサレム	紀元前七四二～七〇〇年頃	アッシリア
四〇～五五章	第二イザヤ	バビロン捕虜地	紀元前五四〇年頃、捕虜生活が終わる頃	バビロニア
五六～六六章	第三イザヤ	エルサレム	帰郷して第二の神殿建築が終わった後	ペルシア

エルサレムのイザヤは、ユダ社会において、極めて有力な家柄の出身であった。あるラビは、彼を王族として伝えたりしている。実際に、彼はいつも宮廷周辺で活動し、王や宮廷の人たちと容易に接触した。その上彼は、他の預言者たちと違って、ダビデ王朝の神学（注３）の正当性を否認することもしなかった。よく預言者たちは、自身の神学的立場の根拠を、モーセの契約伝承に置いていた。しかし、イザヤは自身の神学的立場の根拠を、ダビデ王朝の神学に置いている。いうまでもなく、それを単純に反復したのではなく、自身の時代状況において再解釈してはいる

が、である。ともあれ、王族であったか否かは確証することが困難であるとしても、彼が、首都エルサレムの有力貴族家門の出身であったということは、ほとんど確かなようである。また彼は、いつも弟子たちを率いていた。〈エルサレムのイザヤ〉が書いていないことが明らかである、第二、第三のイザヤ書が存在しているということも、彼の弟子集団と無関係ではないであろう。預言者のなかで、単にイザヤだけが弟子を率いていたわけではないが、いつも弟子たちを率いることができたということは、彼が極めて安定した地位を享受していたことを示している。その上、彼は極めて博学多識の知識人として、旧約聖書と今日のキリスト教神学に重要な痕跡を残した、〈神学的巨人〉でもあった。このように、すべてのものをまんべんなく整えた人物が、王権に抵抗する預言者の役割をなしたということは、彼の存在の特異性を示している。彼は、権力に容易に密着しうる、全ての条件を有していたのである。しかし、彼が選んだ道は、権力の横暴を辛辣に批判し、民草《ミンチョ》たちを代弁する預言者の道であった。

骨身に響く内部者の視線

預言者たちは、よく権力層とは距離のある背景をもって登場した。したがって、数多くの預言者たちが、権力の無能さと腐敗を叱咤することは、ともすると極めて自然なことのように見える。しかし、イザヤの場合、当代の権力の中心部と密着した背後力を有した出身であるにもかかわらず、権力の無能さと腐敗に対して厳しく叱咤したのである。イザヤは、相当な学問的識見を備えた知識人で、自身の名で大著を残した大預言者たち三人のなかでも、特別であった。三人のなかで、エレミヤとエゼキエルは、司祭出身であった。一般的に司祭出身といえば、比較的権力層に近い人たちであるが、彼らは、当代の権力とは距離があった。エレミヤは、王権によって排除されたアナトト（注４）の司祭出身であり、エゼキエルは、すでに国権を喪失した捕虜期の司祭であったにすぎない。しかし、イザヤはまさに当代の権力の核心部に密着していながらも、その権力を厳しく叱咤したのである。見様によっては、イザヤはその権力層内部を、誰よりもよく知っていたがゆえに、権力に向かって、より一層激しく批判したということもありうる。

全ての預言者たちの共通した声であるが、イザヤは、中央の貴族と王権の支配力強化のための措置を容赦なく批判したのである。イザヤが預言活動を行う直前のユダヤには、ちょうど、農民層が政治的影響力を行使する局面が造成されていた。王たちは、農民層の要求を、国政にある程度受容せざるをえなかったので、租税の軽減、農地の開墾（歴代誌下二六・一〇）などの措置を講じて、農民の要求を反映したりもした。しかし、王権の農政は、農民層の立場では、満足できるものではなかった。それは、民心を宥《なだ》めるための見せかけにすぎず、依然として、中央の貴族と王権の支配力強化を許容する範囲内において取られた措置にすぎなかった。預言者イザヤは、その事実を直視した。相も変わらず不正と腐敗が蔓延した世態、富裕層の奢侈と権力闘争において犠牲になる民衆の現実を告発するのである。そのうえ、神の名に託《かこつ》けて、そのような不正腐敗を糊塗している宗教指導者たちの虚偽に、イザヤは憤怒するのである。彼は、「二度と無駄な貢物を持ってきてはならない」といった。正義を無視した宗教は無用であるという叱咤である。

内政において発生した腐敗と合わせて、外勢を前にして右往左往し、それに凭《もた》れようとする失策を繰り返す王権に対しても、イザヤは厳しい審判を宣告するのである。親アッシリアの政策をとったアハズ王の時代、ユダは二者択一の岐路にあった。アハズ王は、北イスラエル・シリアと連合して、反アッシリア同盟を結ぶべきか、アッシリアと友好同盟を結ぶべきかを巡って腐心していた。しかしイザヤは、いかなる同盟も結ばず、ひとえに神のみを信ぜよと強調するのである。ヒゼキヤ王の時代にも、イザヤはエジプトとの同盟の危険性について警告している。弱小国の統治者として、ユダの王たちは、国際的同盟を通じて、危機を乗り越えようとした。それが現実的な対策であると思ったからである。しかしイザヤは、国際的同盟がもたらすであろう災難について警告している。主権なき対外政策について、辛辣に批判したのである。そのような警告は、理想主義者としての叫びだけではなかった。実際、ユダの歴史は、どのような国際的同盟を通じても、自らを守ることができないことを証明するのである。またイザヤは、自身の力だけを信じ、その力を誇示しようとする列強に対しても、審判の宣言を止めなかった。

王権の内政と外交政策を、一貫して批判したイザヤの預言の真価は、実際新しい希望の宣言に当たる神学的宣言にある。イザヤの目にも、ユダの状況は絶望的であったが、彼は希望の御言葉を宣言するのである。いわゆる〈インマヌエル（神はわれわれと共におられる）の神学〉の宣言である。イザヤは、同時代の預言者で、農民出身であったミカとは異なり、〈聖なる都エルサレムの神学〉を展開し、〈ダビデ王朝の神学〉を擁護する。地方の農民出身であったミカは、権力の中心地エルサレムに対し、いかなる憐憫《れんびん》の情もなかった。彼は、腐敗し堕落したエルサレムを、崩壊すべき都城として見るだけであった。しかし、イザヤのインマヌエル神学は、ダビデ王朝とエルサレムを中心に展開されるのである。

しかし、イザヤが叫んだ、希望の宣言としてのインマヌエル神学は、当代の王権を正当化したり強化することとは無関係であった。むしろ、権力の強化の結果もたらされる悲劇を変える、新しい希望を宣言するのに目的があった。それは、未来にやってくるであろう、正義と平和の王国を思いこがれる象徴としての意義を持つものであった。ダビデの家門とその故郷でメシアが誕生するであろうという希望の起源が、そこから芽生えた。ここから、メシアを待ち望む表象として、ダビデ王とエルサレムは、抑圧的な王権の象徴ではなく、正反対に、神がわれわれと共におられるという表象に転換した意味を持つのである。イザヤは、権力を正当化しようとしたのではなく、それを批判し、将来においてやってくるであろう、楽園の世界を描いたのである。それはまた、抑圧的権力に犠牲にされた、民衆の夢でもあった。

イザヤが、敢えてエルサレムとダビデ王を、その楽園の表象としてあげたのは、まさに彼が立っていた立場を明らかにすると同時に、その希望の表象を通じて、逆に叱咤しようとしていた対象が誰であるかを、一層鮮明に示している。彼は、ダビデ王とエルサレムを神聖視する価値を信奉する勢力の真っ只中にあった。しかし、彼は自身が立っている場で、その価値の理念が、事実上崩壊していく現象を、目の当たりにした。それは、神の意志《みこころ》が守られる限り、神聖視されうる価値であった。しかし、神の意志である公義が崩壊し、その価値が、それ以上公義が崩壊した現実を正当化する道具になるわけにはいかなかった。イザヤはこう宣布するのである。「あなた方がそれをかくも信奉するなら、あなた方の現実を顧みなさい」。それは、骨身に響く苦しみを伴った、内部者の叱咤だったのである。

内部からの変化

自らの識見を信じて、権力の垣根のなかに躍び込んだ場合と、それとは正反対に、権力の垣根のなかで身につけた自身の識見で、その権力を否定しなければならない場合、そのどの場合も容易なことではない。しかし、その結果を予測することは困難ではない。自らの識見を信じて、権力の垣根のなかに躍び込んだ場合であれば、十中八九その権力に包摂されるものである。〈虎穴に入らずんば虎子を得ず〉と豪語するが、大概は虚言にすぎない。身を投ずることによって与えられる栄達を、どうしてたやすく退けることができよう。反面、権力の垣根のなかで身につけた識見で、その権力を否定しなければならない場合であれば、十中八九茨の道であるほかない。権力から加えられる圧迫と共に、心さえしっかりしていれば、栄達を享受することができるという、誘惑に苦しむ自身と戦いながら、二重の苦しみをなめるほかない。それだから、内部からの変化は、外部からの変化よりはるかに困難である。

しかし、健全な自身の識見から見るとき、変化しないでは希望はないと判断されるとき、どうすればよいのであろうか。誰かが〈美わしきいじめ〉になるのだといったのだろうか。自らが生き、自身が属している集団が生きるためには、内部から誤っていることを打破するのでなければならない。座しているだけでは、共倒れを促すだけである。ましてや、誤った事実を感知した当事者が、責任のある指導者の一員であれば、その選択は、一層明確でなければならない。出発するという勇断が難しいだけで、前途が全く茨の道であるだけでは決してない。

イザヤが夢見た希望が、メシアの大望《たいもう》として、今日に至るまで人々の心のなかに生きているという現実は、決して挫折しえないわれわれの希望をもう一度目覚めさせてくれる。

四、改革を願わば自身から

ネヘミヤ（ネヘミヤ記）

自らが変わることなくしては

アメリカがイラクを侵略したとき、国論は紛紛《ふんぷん》としていた。当時の世論調査の結果としては、その戦争の正当性を否定する見解が八〇％を超えていた。韓国国民の圧倒的多数が、戦争に反対したのである。しかし、派兵問題に関しては違っていた。派兵に反対する世論が若干高くはあったが、反対と支持が四〇％内外で伯仲していた。戦争自体が不当であれば、その戦争に参加することも不当であるとすべきなのに、どうしてそのような結果になったのであろうか。それは、冷酷な政治・経済の関係において、道徳的原則が通用しないという現実を反映している。道徳的に不当であれば、現実的な行動様式も不当なこととして、拒否すべきであるにもかかわらず、〈国益〉の論理が、その隙間に入り込む。〈国益のための戦略的選択〉であると、大統領も婉曲に表現した。

しかし、国益であるといえば正当化できるのであろうか。国益の論理を赤裸々にいえば、〈不当ではあるが、実利のためにはいかんともし難い〉ということである。その論理が、国際関係において通用する常識ではある。どうして、前後が合致しない論理が、常識として通用するのであろうか。それは、多くの人がその事実を、当然のこととして容認するからである。それは、その国益を通じて、自己の安全と実利を保障されたいと思う人々の欲求のためである。結局、国益に隠蔽されているのは、個々人の実利なのである。その実利を放棄し難いゆえに、国益を名分として立てているのであり、国益が個人の実利を保障するゆえに、冷酷な国際関係の現実は、変化し難いのである。個々人の実利を追求する欲望がなくならない限り、正義に満ちた国際関係は程遠い。

この問題は、実際国際関係においてのみ提起される問題ではなく、われわれの日常的な社会関係においても、いつも提起される問題である。政策を変え、制度を変えても、いつも失望をもたらしている例を、われわれは数多く経験している。われわれは、改革を強調して新しく登場した政権が、次の瞬間、その改革の旗幟を形なしにしている事態を、嫌なほど経験した。政策に一貫性がないため、または制度の運営自体が効率的でなかったため、の場合もあろう。しかし、その失敗の裏面には、常に共通している現象が一つある。まさに、人間の問題である。人間が変わらないのである。韓国の社会において最も深刻な問題は、まさにその改革を推進する指導者たちが、変わらないということである。正義の社会を叫んだが、それを叫んだ人自身が、正当性のない方法で権力を掌握しているのである。不正腐敗の剔抉を掲げても、彼自身と親姻戚の不正腐敗を防ぐことができないのである。それは、自らを律することのできない指導者たちの問題であり、自身の利己的欲望を制御できない、全ての人々の問題である。

このことは、われわれが常に重要であると考えなければならないことを悟らせてくれる。人間が変わらなくては、社会は変わらないということ、わたしが変わらなくては、この世は変わらないということである。人間の変化、わたし自身の変化は、単純に、心の変化だけを意味するのではない。それは、生活の方式を変える次元を含むのである。生活方式の変化は、生活条件の変化を伴うのである。利己的な欲望を制御するだけでなく、自身の既得権を放棄する一切の行為を伴ってこそ、真の変化があるといえよう。これは、公人としての社会的役割が重要視される個人たちが、特に留意すべき課題でもある。

　まさに、その課題の重要性を目覚めさせてくれる指導者の一人が、聖書の主人公ネヘミヤである。

時代の要請

　ネヘミヤは、エズラと共に、バビロン捕囚期以後のユダヤ社会の再建と改革を主導した人物である。彼らはほとんど同時代の人物で、エズラがユダヤ社会の宗教的・法的改革を主導したとすれば、ネヘミヤは、政治的・経済的改革を主導した。

　エズラとネヘミヤの改革があるまでの再建されたユダヤ社会は、極めて不安定であった。ペルシアの登場で、バビロンに捕虜として捕らえられていったユダヤの指導者たちは、故国に帰還して、ユダヤを再建した。再建されたユダヤの社会は、初めペルシアが総督して任命した王族出身ゼルバベルに統治された。しかし、一時ユダヤには独自の統治勢力がなく、行政上ではサマリア総督に統治されていた。ただ、ユダヤの内政だけは、司祭たちに委任されていた。

当時ユダヤ社会は、サマリア当局とは対立関係にあり、エドム人を始めとした他の民族とも、深刻な対立関係にあった。それだけでなく、再建されたユダヤ社会内部の問題も、深刻であった。司祭たちは、神に、病気にかかり傷ついた獣を捧げることは、少しも間違いではないと考え、法の執行には、不公正な取扱いを事とした。人々は、律法には関係なく、安息日にもぬけぬけと商いをした。人々は十分の一税を出さず、事実上国家的公共業務に該当する、宗教業務を担当しているレビ人たちは、生計のために自身の職務を放棄するほかなかった。人々の間では、日雇い賃金を詐取することを含め、弱い立場の同胞を利用して、自己の利益を満たすことが盛んに行われた。凶作や租税のために、畑と子供たちを抵当に取られ、結局は奴隷に転落した人々も生まれた。指導層の間で、異邦人との通婚は通例になった。

それこそ、深刻な危機的状況であった。そのままでは、体制自体の存立さえ危ぶまれる、極めて暗澹たる状況であった。その危機的状況は、ペルシア帝国の利益にも反するものであった。ユダヤ地域の不安定と動揺は、即ペルシア帝国の西側辺境防衛線の崩壊を意味するものだったからである。ペルシアの立場においても、ユダヤ社会の安定は、必要なものであった。ネヘミヤは、そのような時代的状況において登場したのである。

危機の根源と改革の成果

ペルシアの皇宮で、皇帝に酒を注ぐ侍従として、高い地位と合わせ皇帝の信任を受けていたネヘミヤは、故国の危機状況を伝え聞いた。危機に直面している故国の消息に接したネヘミヤは、心配のうちに歳月を送った。彼はついに、皇帝に自分を故国ユダヤに派遣してくれるよう要請する。ペルシアの皇宮で、高い地位を享受しているうえに、皇帝の信任までえていたのであるが、ネヘミヤはその地位を振り切って、茨の道の故国に座を移すのである。

ユダの新任総督として、ネヘミヤが担った最初の課題は、ペルシア帝国西部辺境の要衝地であるエルサレムを強化することであった。このために、ネヘミヤは先ず、壊われたエルサレムの城を再建し、エルサレムに住民を移住させた。ユダヤ全域から徴発された労働力で、エルサレムの城壁は再建され、ユダヤ人口の十分の一が、エルサレムに定着するようになった。この事業は、一応成功を収めた。しかし、エルサレム城壁の再建は、酷い困難のなかで進められた。それまで、ユダヤ地域を自身の領土と見なしてきていたサマリアの総督サンバラトが、公然と敵対的な行為を取ったからである。アンモン地域の有力者トビヤと結託したサンバラトは、続けてエルサレムの要塞化を阻止しようとした。また、トビヤがユダヤ地域の既存の支配勢力と通婚関係を結んでいたこともあって、ユダヤ内部の支配勢力までも、ネヘミヤ一行の計画を阻止しようとした。エルサレムの要塞化自体が問題なのではなく、それを含めた改革事業が、自分たちの既得権を侵害するものと見たからである。しかし、ペルシア中央政府の強力な支援を受けたネヘミヤ一行は、彼らの妨害を退けて、城壁再建の事業を完了した。

そして、ネヘミヤはすぐに、ユダヤ社会再建の改革措置を推進して、成果を上げた。〈娘をこの地の民と結婚させないこと、息子を彼らの娘と結婚させないこと、この地の民が、安息日に物やある種の穀物を持ってきて売っても、安息日や聖なる日は買わないこと、七年毎に土地を休ませ、六年が経過した負債は全てなくすこと〉などが、改革措置の骨子であった。換言すれば、雑婚の禁止、安息日の遵守、休耕農法、負債の帳消しであった。このような改革の内容は、いうまでもなく、主にユダヤ社会内部の支配勢力を狙ったものであった。彼らは主に、ネヘミヤとエズラ以前に帰郷し、ペルシアの支援を受けて既得権層になったユダヤ人たちであった。ネヘミヤは、自分たちの既得権を守るために安住していたユダヤ社会の指導層が、危機の震源地であることを見破っていた。彼が取った改革措置は、まさに彼らの既得権を崩すことによって、社会の安定をなしうる措置であった。

第一に、雑婚は、ユダヤの支配層の間では、頻繁に通用していた慣例であった。ユダヤの支配勢力は、周辺の有力勢力と通婚関係を結ぶことによって、自分たちの社会的影響力を一層強固にしようとした。したがって、雑婚の禁止は、入り乱れた既存の支配勢力を弱体化させると同時に、民族的・信仰的正統性を強調することによって、改革の正当性を確保できるものであった。

第二に、安息日の遵守は、民族的・信仰的正統性の確保と共に、ユダヤの民衆が周辺都市国家の商業資本によって疲弊していくのを防ぐ道であった。それは、単純に〈安息日の遵守〉ではなく、安息日（または祝祭日）に、異邦人との商行為を一切禁止しているということなのである。当時エルサレムには、フェニキアの人々が相当数居住して、商行為を行っていた。彼らは、商業上の実利のために、ユダヤ社会の慣例を無視し、それは結局、ユダヤ社会の窮乏化をもたらした。したがって、ネヘミヤが厳格な安息日遵守の措置を取ったのは、単なる宗教的措置であるというよりは、ユダヤ民衆の窮乏化を防止することと直結した、社会改革の措置だったのである。

第三、七年ごとに土地を休ませる休耕農法の措置は、当時あったであろう、パレスチナ地域の農業の危機と関連している。聖書は、当時凶作のため、農民たちが土地から離脱しているという事実を証言している。そうでなくても、過重な各種の税や負債に苦しめられていた農民たちにとって、凶作は泣きっ面に蜂の状態であった。結局彼らは、より多くの土地を所有している大地主に、自分たちの土地を差し出すほかなかったのである。このような状況において、土地を休ませることは、地力の消耗を防いで、一定面積当たりの収穫をもっと増加させる方法であった。休耕は、生産力が発達していなかった古代の農業社会において、農業の生産力を増大させうる、最も効果的な方法だったのである。

第四、負債帳消しの問題もまた、土地の問題と密接に関連している。当時のユダヤ社会は、富益富、貧益貧の現象が深刻であった。主に、帰還後ペルシアの後援で享受した特権を利用して、利益を追求する富者と、より一層貧困に陥って負債を負い、土地を失うか子供を奴隷に転落させた小農たちで、広範な階層分化が起こっていた。したがって、債権者たちに債権を放棄するようにしたのは、貧しい人々の不満を解消することによって、社会の安定を図りうる効果的な措置であった。

ネヘミヤはまた、レビ人たちが、自分たちに入ってくる取り分をえられないことから、糊口の策として、他に仕事を求めて神殿を去っていくのを見て、その対策を講じた。十分の一税を徴収するようにし、正直な財務官を任命して、それを管理するようにした。また、祭壇に使用する木が継続して供給されるよう、指示したりもした。

ネヘミヤの改革措置は、一貫して既存の既得権勢力を解体して、社会的均衡をなすのに焦点を合わせていた。それは、危機の根源が、ほかのどこでもなく、自分たちの実利だけを追い求める既得権層にあるということを、見通していたからである。したがって、その既得権を解体することが、即社会的均衡をなす対策であった。この点において、ネヘミヤが収めた改革の成功要因は、危機の根源を正確に読み切ってその対案を設定したところにあった。

もちろん、ペルシア皇室の堅固な後援も、改革を成功させた要因であった。王国時代の王たちが、改革を推進していても失敗したのに対し、ネヘミヤが改革に成功したのは、まさにその要因が決定的であったことを示していることでもある。その点において、その時代の国際情勢が大いに作用したことは明らかである。しかし、ネヘミヤ当代の状況において、既存の支配勢力は、その後援を、自分たちの既得権を守るのに利用したのに対し、ネヘミヤは全く違う用途に活用したという点に注目しなければならない。ネヘミヤは、自身の既得権を守ることよりも、改革で真の社会の安定を図るのに、ペルシアの後援を活用したのである。社会的改革を推進しながら、ネヘミヤが自らどのように身を処したかを見ると、ネヘミヤ改革の真の成功要因がどこにあるかが明らかとなる。

真に改革を願うのであれば

国際情勢が支えたのに加え、危機の原因を明確に知り、果敢な推進力まで兼備していたがゆえに、ネヘミヤの改革が成功したことは明らかである。ネヘミヤは、改革推進の過程で、異邦人と通婚した人がいると、激しく叱り呪いの言葉まで吐いたかと思えば、甚だしきに至っては自ら鞭を振り上げたともいわれる。このことは、ネヘミヤが、それだけ危機の深刻性を知り、改革の正当性を力説したことを示している。既存の既得権勢力には、そのようなネヘミヤの態度は、極めて苛酷に見えたことであろう。あるいは、冷徹に映ったかも知れない。

しかし、ネヘミヤは、改革の対象になる人だけに苛酷であったのではない。彼は何よりも自分自身に対して、最も徹底した。他人に対して寛大で、自分自身に対しては苛酷な態度が、日常生活のなかでは、よく勧められる望ましい性格である。しかし、切迫した危機の状況において、山積した課題を前にしては、危機管理に適切な態度が要求される。危機を呼び起こした当事者たちと、危機を解決していかなければならない自分たち全てに、苛酷でなければならない。そうしてこそ、全てが生きていく突破口を見出すことができる。ネヘミヤは、まさにそのような危機状況において、自身が取るべき態度を明確に示した指導者であった。

彼は、自身が合法的に享受しうる権利すら、自ら放棄した。ユダヤの総督として任命され、一二年間統治する間、彼は総督として受け取るべき禄を受け取らなかった。それは、当然享受しうる、自身の権利の放棄であった。また、以前の統治者たちは、住民に苛酷な税を課し、官吏たちの糧食のために、少なからぬ現物を巻き上げていたが、そういうこともしなかった。そうだからといって、ちっぽけな土地の類を手に入れたわけでもなかった。ユダヤ社会内において、最高統治者としての彼と、国家官僚としての彼の部下たちは、ユダヤ社会の再建と改革のためにのみ邁進した。自分たちの既得権を守りたいと思う誘惑の可能性は常に潜んでおり、また合法的にその既得権を守ることのできる方便は十分にあった。しかし、彼らは、これら全てを退けて、当面している社会的危機を打開することにのみ、邁進したのである。改革の成果で、富の適切な分配と、適切な公共の負担がなされれば、公共の任務を担っている自分たちの生計にも、何ら問題がないという常識を、徹底して具現したのである。

今日、事あるごとに国益を叫び、国家経済の危機を叫びながらも、いざ自分たちの生活様式と条件を変えることには心なき指導者は、本当にその常識を知らないのであろうか。先ずもって、自身に徹底しなければならず、自分自身から変わらなければならないということを、全く知らないのであろうか。

歴史的にエズラとネヘミヤを評価するとすれば、その限界は明らかである。その改革が、ペルシア帝国の支援によってなされたということ、しかし、その背景とは二律背反的に、ユダヤ民族社会の純粋性を過度に強調し、排他的な民族主義を胚胎《はいたい》させたという点である。ネヘミヤは、その時代的限界のなかに留まるほかなかった。しかしネヘミヤは、時代の限界を超えて、改革を期する指導者の自己更新の指標として記憶されている。

五、境界を越えて

ヨナ（ヨナ書）

ヨナのしるしのほかには

天気を見分けることを知っていながら、時代の兆候を見分けることができない人々に対し、イエスはこう語った。「よこしまで神に背いた時代の者たちはしるしを欲しがるが、預言者ヨナのしるしのほかには、しるしは与えられない」（マタイ一二・三九）。イエスにしるしを求めた人々は、当代の社会の指導層に該当するファリサイ派の人々とサドカイ派の人々であった。彼らがイエスにしるしを求めたのには、明らかな底意《そこい》があった。そもそも、自分たちの伝統的通念に反するイエスという人物が気に入らなかった。多くの人々に奇跡を行い、甚しくは、自分が神の子であると何憚ることなく主張して歩くイエスは、彼らの目から見ると異端者にすぎなかった。それで、彼らはイエスに迫って、もしも神の子であることが確かなら、その証拠を示せという底意でしるしを要求したのであった。その底意を見破ったイエスは、彼らの求めに直接答えず、突拍子もない発言で彼らを退けてしまうのである。「しるし？ ヨナのしるしほどはっきりしたしるしが、どこにあるというのじゃ。そのほかには与えられるものはない」と答えたのである。イエスが答えた〈ヨナのしるし〉、それは一体全体何を意味するものであろうか。

ヨナのしるしは、自己変化の出来事のことを語っている。視角の変化、発想の転換、生活様式の転換を意味する。人間が成長するということは、単に肉体的変化だけを意味するのではない。まさに、そのような生きることの変化の過程を意味するのである。自分しか分からなかった状態から、他人を知り、世界を知ることに変化していく過程である。

幼児の成長過程は、その変化の過程を一目で知ることができる。われわれは、屎尿《しにょう》を分別できない幼児がどんなものであるか、容易に知ることができる。自分の体と自分の排泄物を区別できないのが幼児たちである。わたしとわたしでないものを区別できないのが幼児の心理なのである。ガラス瓶のなかにはまった銅銭をにぎりしめて、自分の手が抜けないと泣いてしまう幼児もいる。放せばすべてが解決するものを、その理屈を理解することができないから、そのように執着するのである。そうであった幼児たちが、肉体的な成長につれて、私でない外《そと》の世界を認識するようになって、精神的に成熟していく。いわゆる成人とは、そのような幼児的状態から脱して、わたしと他人、わたしと外の世界を区別し、自分の役割を適当に遂行しうる精神的状態をいうといいえよう。

しかし、肉体的に成人になったからといって、すべてが〈成人〉であるといえようか。そうではないようである。人間は、依然自己中心性から脱することができない。自分が経験し、知っている世界が全てであると錯覚するという認識は、肉体的に成人となった人々においても、相変わらず存するのである。個々人の次元においてだけではない。人間の文明自体が、それこそ〈文明〉で包装されただけで、〈迷妄〉に近い。国々と民族たちは、それぞれ自己中心的に世界を理解する。自身は文明であり、その他は野蛮であるという認識、自身は中華でありその他は野蛮族《オランケ》であるという認識、自分は選民でありその他は異邦人であるという認識、自分の側は正義でありその他は悪の枢軸であるという認識は、依然この世界が迷妄から脱し切れていないことを物語っている。社会の階級と集団も同様である。その誰も、そのいかなる集団も、自分の垣根から抜け出ることは容易ではない。「ヨナのしるしのほかには、しるしは与えられない」というイエスの宣言は、底意が不純な群れに向けての、臨機応変の答えではない。ヨナの真実を知るならば、それ以上そのいかなるしるしも必要ではないということを物語っているのである。

閉鎖的な民族主義とヨナ書

聖書全体として見ても、預言書として見ても、ヨナ書は特異な書のうちの一つである。ヨナという人物が、預言者の一人として伝えられているため（列王記下一四・二五）、ヨナ書は、自然に預言書のなかの一書として編入された。しかし、実際ヨナ書は、一般的な預言書とは格式を異にしている。例えば、預言書においてよく見ることのできる、厳粛なる預言宣布の形式を見ることができないのである。ヨナ書は、そのジャンル上、預言書であるよりは短編小説に近く、その性格上、一種の成長小説とも似ている。

その記録の時期も、歴史的伝承がいう当代ではない。聖書の伝承は、ヨナが北イスラエルのヤロブアム二世の時代（紀元前七八二～七五二年、紀元前七八四～七四八年）に活動した預言者であると伝えている。しかし、ヨナ書本文が伝える状況上、この書は、それよりずっと後代の状況、すなわち南北王国がすべて滅亡し、バビロン捕囚期を経験した後の時代相を反映しているようである。具体的に、バビロンから帰還した後、エズラとネヘミヤが試みたユダヤ社会の改革後の状況において、記録された書である。したがって、本文においては、その時代的背景をアッシリア時代として設定しているが、実際は、ペルシア時代（大体紀元前三〇〇年頃）に該当する。ヨナ書のメッセージは、エズラ・ネヘミヤ以後の、排他的民族主義の状況と密接な関連がある。

悔い改めの典型ヨナ

ヨナ書は、記録された時代状況と関連して、独得のメッセージを伝えているだけでなく、一人の人間の意識の成長過程を表現している、成長小説の典型を示している。

ヨナは、アミタイの子であると伝えられている。ヨナ自身も、ヨナ書のほかにはよく知られておらず、彼の父アミタイもまたよく知られていない人物である。このことは、彼の出生が非凡ではないことを示唆している。ただ、平凡な〈誰それの子〉であるという意味である。ところが、彼に重大な使命が委ねられる。イスラエルの敵アッシリアの首都ニネベにいって、神の審判を伝えよという使命である。彼らの罪悪が天にまで及んだということを宣布せよというものであった。この情況は、極めて切迫した状況である。おそらく、ユダヤ人虐殺が行われている渦中にあるナチの本拠地ベルリンにいって、韓国風にいえば、南北対立が激烈な状況にある平壌《ピョンヤン》にいって、または、今日の情況でいえば、イラク攻撃が最も激しく行われているとき、ワシントンのホワイトハウスにいって、ぴりっとすることを言えというようなものである。

平凡な誰それの子ヨナには、考えも及ばなかった。おそらく、ほとんど常識的な暮らしをしている、全ての人が同じであろう。一方では不本意であり、一方では恐ろしい。〈あの怪しからぬ奴めらに、何の神託を伝えよというのか。奴らの所にいって、俺の命がまともであろうか〉という思いであった。ヨナは、必ずいかなければならない所と正反対の、世の果て（ダルシシュ）に逃げようとする。しかし、彼が乗った船が暴風にあって難破しそうになる。〈愚か者〉ヨナは、その渦中にあっても、グーグー眠りこけている。

暴風の原因は、神の命に背いた人のためであった。まさに自分がその当事者であることが明らかになると、ヨナはその事実を認め、自分の命を投げ出すことにする。逃げる〈卑怯な〉ヨナから、〈悲壮な〉ヨナに変わる瞬間である。しかし、まだ、変身はより多くの時間を要した。ヨナの決行は、依然逃げたい心情の延長である。奴らめに神託を伝えにいくより、死ぬ方がましだという心情である。〈俺が死ぬのであれば死ぬんであって、そのことはできない〉、〈俺が、そうなら、姓《ソン》を変えるんだ〉という心情である。

しかし、見方によっては、幼稚な決行にすぎないが、その〈悲壮な〉決意で、ヨナは真の変身の機会に出遭う。彼は真っ暗い大魚の腹のなかで、三日三晩死闘する。暗い闇のなかで三日間閉じ込められたヨナに、われわれは、墓に閉じ込められてすごしたイエス・キリストを連想させる。かの奈落において、悔い改めるための過程であった。そのようにして悔い改めたヨナは、今やニネベに向かって神託を伝えるのである。願うのではないが、正しい道に従わなければならないということを自覚した、大人の姿勢である。

そうだからといって、ヨナが完全に悔い改めたわけではない。自分が伝えた神託で、救いの機会をえる怪しからぬ奴らを見ると、心が穏やかではない。依然としてヨナは、神託と自分の意思の間で葛藤する。〈亡びると宣言したのに栄えるとは、亡びると宣言しておいて、こりゃ何ですか〉。ヨナは神に抗弁して、ぶつくさ愚痴をこぼす。しかし、最後まで耐え忍ぶ慈しみの神は、ヨナを諭すのである。小説は、その後日譚を伝えていないが、そのメッセージは明らかである。ヨナは、自己中心的な人間から、他人を包容する人物に悔い改めた、人間の一典型になったのである。

排他的境界を越えて

ヨナの悔い改めは、実際ユダヤ民族の悔い改めを狙っている。本文自体に設定された背景と、記録された時期の状況は、年代上では大体四〇〇年ほどの差があるが、ヨナ書は、過去と当代を交叉するなかで、独特のメッセージを宣布している。

ヨナが活動していた時期として設定したヤロブアム二世の時代は、北イスラエルが極めて強力に膨張政策を展開していた時期であった。反面、当時のアッシリアは相対的に萎縮した状況であった。イスラエルの膨張政策が成功を収めたのも、実際はそのためである。合わせて、当時のアッシリアの首都はアッシュールで、ニネベは単なる小さな城邑にすぎなかった。ニネベがアッシリアの首都になったのは、ヨナの活動時期よりも一世紀後のシャルマナサル一世〔紀元前一二七四〜一二四五年在位〕のときであった。ニネベは、アッシュール時代より遥かに短い期間アッシリアの首都であったが、アッシリアの代名詞のように記憶されている。その理由は、ニネベを首都にしている間に、アッシリア帝国が、最大の版図を誇ったからである。そのうえ、北イスラエルが蹂躙されて地図から消えるようになったのも、この時期に該当する。時代錯誤であるにもかかわらず、ヨナが〈アッシリアの首都ニネベ〉に向かった状況が設定されたのは、このような事情のためである。

　そのうえその主人公ヨナという人物設定も興味深い。聖書の伝承〔列王記下一四・二五〕によれば、おそらくヨナは、北イスラエルの膨張を支持した人物だったようである。ヨナ書以外の、ヨナに関する唯一の情報であるこの伝承は、「ヨナを通して告げられた言葉のとおり」、イスラエルが国境を拡張したと伝えている。この伝承は、ヨナが当時、イスラエルの民族的膨張政策を、強く支持したことを示唆している。そのような彼が、結果的にニネベを救う神託を伝える預言者として登場するのである。これは、過去の記憶、そして事実上過去の記憶だけに留まらず、当代の人々を捉えている体制と通念を、劇的に転倒させる効果を狙ったのである。イスラエルにとって、アッシリアは恨みの対象であった。それは、恨みの対象を設定して、自分たちの閉鎖的な境界作りに没頭している現実を反証している。ヨナ書の状況と主人公の設定は、そのような現実を転倒させるのである。

端的にいって、ヨナ書の主題は、閉鎖的民族主義に対する警告であり、閉鎖的〈われわれ《ウリ》主義〉に対する信仰、その神の選民イスラエルだけが救われるという、排他的選民意識に対する警告なのである。我と汝を分ける排他的独善に対する警告、〈わたしは正義の側〉であり、お前たちは悪の〈枢軸〉であると見る、独善に対する警告なのである。この警告は、エズラ・ネヘミヤ以後の、閉鎖的なユダヤ社会に向けられたものである。この点において、ヨナ書は、ユダヤ人たちが聖祖《ソンジョ》であるとするダビデの祖先が、異邦人の女性であるということを明らかにしているルツ記と脈絡を同じくしている。「どうしてわたしが、この大いなる都ニネベを惜しまずにいられるだろうか。そこには、十二万人以上の右も左もわきまえぬ人間と、無数の家畜がいるのだから。」（ヨナ書四・一一）。右も左もわきまえぬ人間とは、単に幼い子供だけを指しているのではなく、文字通り一二万ではなく、無数に多いということの象徴的表現である。ともあれ、この言葉の焦点は、人間だけでなく、家畜であっても、諸々の生命は高貴であるのだから、無辜なる人々が、災難で血を流してはならないということである。

作家黄皙瑛《ホアンソグヨン》が、北韓《ブクハン》を訪問して後書いた書の題が、『人間が暮らしていたよ』であった。ヨナ書のメッセージは、国家と民族の境界、その何らかの境界、その何らかの境界以前に人間が存するということ、生命があるということを、殊更のように喚起してくれる。数年前、コソボ戦争当時、記者が辺境の地帯にいって、ある老人に質問を投げかけた。「ムスリムですか。キリスト教徒ですか」。これに対して老人の応答は、「わたしはただの人間であるだけだわね（I am Homo Sapiens）」。簡単な一言であった。あまりにも当然の事実であるにもかかわらず。われわれは容易にこのことを、忘れ去っている。国家と民族以前に、人間であれば享受しなければならない、生命であれば享受しなければならない高貴なる暮らし、貧富貴賤なく享受しなければならない高貴なる生活の価値がある。ヨナ書は、そのような事実《こと》を喚起している。

注1　ヨタムの寓話：士師記九章八～一五節に出てくる内容で、木々が王を選ぼうとするが、すべての木が拒んだため、最も使い道のない茨が王になったという物語である。
注2　文書の預言者：聖書に自身の名でできた書を残した預言者をいう。
注3　ダビデ王朝の神学：神がダビデと永遠の契約を結んだということ（サムエル記下七・八～一七、二三・五）を核心内容として、ダビデ王朝を正当化する神学をいう。
注4　アナトト：アナトトはソロモン王に罷免された、祭司アビアタルが流されていた所で、そこには、彼の子孫たちが住んだ（列王記上二・二六～二七）。ソロモンは、アビアタルに代わってツァドクを大祭司に任命し、その子孫たちが祭司の主流を形成した。

第四章　栄辱の女性史

一、痛快なる逆転

タマル（創世記三八章一節〜三〇節）

いじめられる女性たち

ごく最近までも、〈いじめ〉は幼い子供たちの間にでもあることだろうと思っていた。しかし、最近のある調査においても、大人の職場においてもいじめの現象が深刻なものになっている。多くの成人がいじめられ、いじめられている人が退社にまで至っている場合も多いという。敢えて統計資料を提示しなくても、男性に比べ、いじめられている女性の比率が高いということは、いうまでもない。これが、殊更問題になることであろうか。男性中心社会において、女性が除け者にされることは、今では表面に現れただけであって、この事実を殊更のように確認しないと分らないことではない。

今やっと、韓国社会の公論の領域に露呈された女性たちの除け者現象は、様々である。ひどいストレスで、慢性胃炎のような肉体的疾病を訴える職場の女性たちは、数えらないほどである。平凡な職場女性または〈奥さん〉たちが、この社会において、除け者にされている現象は、本当に数え切れない。出世した女性たちにとっても、その除け者にされることと嫉視は例外ではない。女性学の自尊心を守っていたある女性教授は、おかしな服装をしているとか、コンピューターの打数が遅いとか、学生たちの出席をきちっと取らないとか、話しにもならない理由で解職されていたが、女性界の声援（〈声援〉ではなく、実際は〈激しい闘争〉）により復職した場合もある。国民政府の時代、初めて登場した青瓦台《チョンワデ》（大統領官邸）の女性スポークスマンに対する、ある言論機関の評もまた見ものである。〈新鮮味はあるが、どうしても重みがない〉という評である。多分似た立場の男性であったら、まるっきりその評価は違っていたであろう。〈覇気はあるが、どうしても経綸《けいりん》が足りない〉程度になるのではないだろうか。若い女性法務部（省）長官に対する〈検事サマ《ナウリ》〉たちの態度も、本当に気に入らないという目付きである。

男性中心の社会において、完全に取り囲まれて、陰に陽に除け者にされている女性たちの置かれている状況を、どうして男性たちが十分に知ることができよう。〈それが現実ではないのかい。女たちは、夜勤できるのかい、当直できるのかい〉といって、自分たちの気楽さに、これっぽちも損をすまいとする態度を、ぬけぬけと守っている男たちはいうまでもないことであろう。そのような現実に共感している男性であっても、女性たちが体感している現実と、夢見ている世界に対する想像力は、限界を有するほかない。例えば、〈華麗なるシングル〉を夢見る女性たちを描いた映画〈シングルス〉は、あたかも、その主人公たちがその夢を成就するかもしれないという期待感で結んでいる。見ても見なくてもはっきり分かっている、取るに足りない女性たちの現実を扱うことが、済まないと思ったからであろうか。

男性たちに取り囲まれて、あちこちに振り回される、苦しい暮らしを経験している女性たちは、そもそもどのような夢を抱くのであろうか。聖書の主人公タマルの物語は、その苦しみを強要する男性たちの陰謀を、痛快に引っ繰り返すのである。

奇怪な猥談（？）

聖書の創世記には、族長時代最後の巨人ヨセフの説話が長々と続くのであるが、その中ほどに出し抜けに奇怪な説話が登場する。ヤコブの孫の妻であり、ユダの嫁であるタマルに関する説話である。この説話は、現代的常識としてはいうまでもなく、古代世界の常識に照らして見ても、奇怪な話であった。古代の神話的な世界像が、今日のわれわれの常識を超えていることは、殊更言及する必要はない。しかし、この説話は、当時の人々の常識においても反していたことは間違いない。兄が死ぬとその弟が兄嫁を妻に娶《めと》るようにした、嗯《シ》兄弟〔嗯兄弟とは結婚した夫の兄弟〕結婚法（注1）を前提とするとしても、嫁が舅と寝床を共にして子供を生んだ事件は、当時の人々にとっても、当然のこととして受け容れられなかったことを、その説話自体が証言している。私娼窟を訪れる男性たちの行為は、今日においても公然の秘密であり常識として通っているが、どれほどそうであっても、その事実を公然と言い触らしたりはしない。そのうえ傷ついた男衆の苦衷《くちゅう》を察するとしてもである。〈恥さらしなことをした〉という、ユダ自らの告白が示唆しているように、古代社会においても、そのような事情は変わらなかったようである。ところが、この説話は、その見るに忍びない事実を、ためらうことなく露わにしている。嫁が〈娼婦の行為《ジッ》〉をして、舅と関係を持つとは、奇怪であるほかない。無論、死んだ夫の兄弟でなくとも、その親戚が、やもめとなった女性を娶ることはできた。例えば、ルツが、死んだ夫の親戚のボアズと結婚した場合である。このような場合を見ると、他に息子もいない舅が、嫁を娶りうる可能性があったのかも知れない。しかし、タマルの説話では、そのような可能性は提示されていない。タマルの説話は、嫁と舅が寝床を共にした事件を、確かに見るに忍びない事件として扱っている。その見るに忍びない事件を、臆することなく伝えているのであるから、この説話は確かに奇っ怪である。

このように奇怪な説話が、どうして突然進行真っ最中のヨセフの説話のなかに入ってきたのであろうか。当時の人々の通念としても、容易に受け容れることのできない醜聞を伝える説話が、聖なる聖書のなかに入ってきた理由は何であろうか。この説話は、明らかにヨセフの説話とは独立してあった説話に違いない。ところが、ユダヤの正統王家の系譜上漏らすことのできない人物であるユダの比重のゆえに見過ごすことが難しかったのであろう。しかし、単純には避けることができない事実であったために、伝承として残っていたわけではない。イスラエルのすべての家門のなかで、宗家の正統性を強調しようとする目的であったならば、敢えて、当時の人々も受け容れ難いその事実を、みっともなく差し挟む理由がない。その事件が事実であるとしても、そっと覆って置くのが当然であろう。しかし、この説話は、ヨセフ説話の流れに不似合いなものであるにもかかわらず、堂々と一つの章を占めているのである。それは、この奇怪で猥雑な説話に込められた意味が格別だからである。

男性の陰謀を退けた逆転の主人公

差し挟まれている位置から見て、この説話は、男性たちで継がれる正統系譜上の一つの位置を占めている。しかし、この説話は、数奇ではあるが、不屈の一女性が、事実上の主人公の役割をしている劇的なドラマである。この説話は、極めて確固とした家父長的秩序を前提にしているが、むしろその秩序と価値観をさらけ出して引っ繰り返している、逆転のドラマに似ている。説話に登場する男性たちは、どうしてもあくまで排除しようとするが、逆に彼らを窮地に追い込んで、最終的には勝者になる女性に関する説話である。それも、男性とその体制が好んで使う方法とは全く違う方法で、その体制の見せかけを露わにする。

ユダの最初の息子エルが死ぬと、その妻タマルはやもめの立場になる。エルがどういう理由で死んだかは分からない。聖書はただ、彼が主の意に反したので死んだと語っている。おそらく、男性たちの〈悪い〉陰謀を示唆しようとしている表現ではないだろうか。娚兄弟結婚法に従って、ユダの第二子オナンが、やもめとなった兄嫁を妻に迎え、その死んだ兄の代を継がなければならない義務を負っていた。しかし、彼もまた主の意に反してしまう。オナンは、兄嫁と同衾《どうきん》したが、その度ごとに、兄の子孫を与えないように、子種を流してしまうのである。オナニズム（Onanism）は、まさにここから始まっているのである。ところで、どうしてその行為が主の意に反しているというのであろうか。その行為が主の意に反しているということは、膣外射精が主の意に反しているということではなく、その下心が主の意に反しているということである。オナンは、兄の代を継ぐ息子を生んでやることを拒否したのである。代を継ぐということは、財産、すなわち土地の所有と直結する。兄嫁タマルに息子を生ませることは、兄の土地を保全してやることを意味する。その土地は、新しく生まれる息子の土地になり、同時にタマルの土地になるのである。それを拒否したオナンの下心は明らかである。主《ぬし》のいない土地となった兄の土地までも、自分の土地にしたかったのであろう。自分一人の利益だけを考えて、相手に配慮しないオナンの下心は、不純このうえない。結局、オナンは、主の意に反したとして死んでしまう。

事態がこうなると、今やタマルは、ユダの三番目の息子シェラから、死んだ夫の子を生まねばならなかった。しかし、今度は舅のユダが問題であった。ユダは、三番目の息子がまだ幼いという理由でタマルを実家に送り返すのである。臨時の措置であるというが、実際は永久的措置であったであろう。二人の息子が死んでいったのであるから、その息子たちを死なせたタマルは、星まわりの悪い女であると考えたに違いない。ユダは、シェラもその兄たちのように死ぬかも知れないと恐れた。一人残った息子まで、あの星まわりの悪い女のために死んでしまったらどうしよう。自分の代は、そこで終ってしまう。それでユダは、シェラが成長して大人になっているにもかかわらず、タマルとは妻合《め》わせなかった。実家に帰っているようにというのは、自ら放棄せよという意味だったのである。タマルは、そのように男性たちに弄《もてあそ》ばれ、追い出される身の上になったのである。

そのように、一人でやられ、憤りを抑えて歳月を送っていたとすれば、タマルという女性の名など、記憶されることがなかったであろう。今や、弄ばれたタマルの大反撃が始まるのである。タマルは、娼婦を装って、傷ついたユダを誘惑する。ユダは、街角の娼婦と思っただけで、自分の嫁であるとは夢にも思わず、タマルと寝床に入るのである。タマルは用意周到に、ユダをがんじがらめにする。花代として山羊一匹を約束されたが、それを受け取るまでその担保を出すよう要求する。印鑑と帯と杖がその担保物であった。呆れかえる担保物である。印鑑は男性的秩序の象徴である。少し前までも、戸主の印鑑をきちっと捺印されて初めて、家族関係のことが、最終裁可されたのであった。帯は男性的な力の象徴である。今日の男性たちの冗談のなかで、腰は〈男性〉を象徴している。腰が痛いといえば、立ちどころに〈お前大変だ〉と同情される。杖は権威の象徴である。最近でこそ、体の不自由な老人の補助装置程度に考えられているが、朝鮮王朝時代までは、それは確固たる権威の象徴であった。杖は、誰であれ、誰に対してであっても、贈物にするものではなかった。国家が元老たちに与える贈物で、位階的秩序と権威を象徴したのである。紳士道の象徴も杖ではないか。一言でいえば、男性たちに弄ばれた女性タマルは、その全ての男性的な力を、自分の手に握って、男性たちをピクッともできないようにしたのである。自分を追い出した、その全ての男性的な力を無力化させた、タマルの知恵である。

仕方なく、自分の全ての物を担保物として差し出したユダは、友人を通じて、約束した山羊一匹を送って、担保物を取り戻そうとした。しかし、残念なことに、その娼婦は二度と街角には現れなかった。茫然自失したユダは、「欲しければあげるよ」と諦めるが、ついには、自身の威信まで失われることを恐れるのである。自分は約束を守ろうとしたが、当事者が見つからなくて守れなかったと自らを慰めるが、〈下手をすると恥をかく〉と愚痴をこぼすのである。

ところが、三か月ほど経つと、妙な噂さが出回るのである。自分の嫁タマルが娼婦行為をして子供を孕んだという噂であった。実際は追い出した嫁であったが、まだ自分の家門に属している嫁が、人々に避難される行為をしたことを知って、ユダは激怒する。すぐにも火刑に処せよと叫んだ。何とぬけぬけした男性の偽善であろう！　舅が激怒しているまさにその瞬間に、賢明なる女性タマルは、ユダが渡した担保物を出すのである。「わたしはこの品物の持主の子を宿しました」。痛快極まる逆転の瞬間である。凄い剣幕であったユダは、結局全てが自分の罪であることを悟り、嫁の前に承服するのである。「その嫁《こ》がわたしよりただしいのだよ！」。

結局タマルは、双子を生む。そのことは、タマルが、自身の正当な権利を全く損なうことなく、そっくりそのまま享受するようになったことを意味する。男性たちが、かくも追い出したにもかかわらず、タマルはかえってその男性たちを辱め、堂々と自身の取り分をえるのである。

追し出された者たちの知恵

この説話は末長く記憶され、その主人公の名は、堂々とユダ正統王家の系譜に記録された。ユダ王家の族譜《ジョクボ》に記録された、異例的な三人の女性のなかで、タマルは、その最初を飾っている。

世界を支配しているのは男性であるが、その男性を支配しているのは女性であるといわれる。

その言葉が、男性に支配されている女性の現実を糊塗する甘言であるとすれば、繰り返してはならない。しかし、男性が支配する原理と全く異なる、女性の知恵のことをいっている言葉であれば、もう一度噛み締めるに値しよう。男性の世界から見るとき、タマルは極めて挑発的である。どうして、かくも恥ずべきことをして憚らないでいられるのであろうか。しかし、賢明な女性タマルは、自身が奪われた土地を取り戻し、社会の堂々とした構成員として認められるために、全く予期できない方法で、かえって男性たちを恥ずかしく思わせるのである。ここで、男性たちの法則は、無力になってしまうのである。

女性たちは、男性たちの視線に、またどれほどいじけていることであろう。タマルの説話は、その視線にいじけている限り、女性たちが男性の世界からえるものがないということを、雄弁に語っている。男性は最後まで、自分たちが決めた秩序のなかで、女性たちが従順であることを欲するだけである。〈止めなさいよ、そうしていてはひどいめに遭いますよ〉、これがタマル説話が与えている教えである。

二、女であるゆえに？　ミリアム（出エジプト記一章一節～民数記二〇章一節）

女性の総理候補と道徳性

かつて金大中大統領の時代、憲政史上最初の女性総理が誕生しそうな時があった。女性総理の候補として指名された張裳《ジャンサン》氏には、世間の関心が集まった。しかし、張裳総理の任命同意案は、国会で否決された。理由は明らかであった。道徳上の問題であった。子供の国籍問題と、財産管理の疑惑などを抱えている総理指名者が、公職者としては不適当であるという結論であった。以前の人物たちはどうであれ、そのことを契機に、今では韓国社会において、公職者に要求される道徳性の基準は、厳格でなければならないという、一つの基準が確立された。

しかし、果たしてその表面に現れた理由が全てであっただろうか。そうだとすれば、実によいことであった。しかし、どう見てもそうではないようである。どういうわけか、釈然としないところがある。もしもその程度の欠点がある男性だったら、同じ結論になったであろうか。高位の公職にある人たち、国会議員のなかで、その程度の欠点のない人が、果たしてどの程度になるであろうか。または、歴代総理のなかで、その程度の問題を抱えていなかった人物が、どの程度になるであろうか。やたらと断言はできないが、決して両手で数えることはできないであろう。総理よりももっと重責を担っている大統領候補ですら、それよりももっと深い疑惑を受けていた現実を考えると、絶対に道徳性の規準だけが適用されたとはいい難い。韓国の公職社会が、一瞬にしてそのように飛躍したのでないとすれば、このような判断は、憶測だけではないであろう。女性界の意見が恐くて、容易に〈女性〉総理の問題性を指摘する意見を公論化できなかったが、実際に承認の賛否を決定したのは、総理指名者が女性だったからではないだろうか。その点において、憲政史上最初の女性総理承認の否決は、表面上の道徳的正当性にもかかわらず、根深い男性主義の強固さを改めて確認された機会でもあった。

そして歳月《とき》が経って、ついに最初の女性総理が誕生した。道徳的な欠点がなかったからであろうか。韓明淑《ハンミョンスク》総理は、無難に承認されたのである。しかし、そうだからといって、女性に対する疑惑の目が、完全に消えたのではない。世論は、韓明淑総理の穏健な品性と指導力を強調しながらも、女性総理の国政掌握力を疑問視する本音を隠さなかった。

いつの時代にも、女性に対する目は、男性に対する目より遥かに苛酷である。男性にはよくあることとして容認されていることが、女性には許容されない場合も多いのである。〈ヤァ、社長が女だというのかい〉、〈女がタバコを吹かすってか〉、〈嬶《かかあ》が運転するとは何たることだい、家で飯でも炊いていればいいものを〉などなど、少なくとも、法的には男女が同等であると認められている現代社会においても、女性を貶める視角は、容易に消えてはいない。否、ついこの間まで存続していた戸主法のような、制度的に女性の平等権を制約する法律が残っている状況であるから、男女が名実共に平等な存在として認められる世は、なお遼遠なる課題なのかも知れない。

そのように、女性たちは、さまざまな障壁のため、その存在を正当に認められないでいる。それで、重要な役割を果たしても、埋もれてしまった女性は枚挙に暇がない。否、そのように男性たちの目から、否められ埋もれてしまったが、かえって消し難い役割を果たした女性たちは多い。聖書の人物のなかで、ミリアムは、そのような女性の典型である。

偉大な女性と危険な女性

聖書の説話のなかで、男性が主人公として登場する説話と、女性が主人公として登場する説話の比率は、果たしてどれほどであろうか。比べるまでもなく、男性が主人公である説話が、圧倒的である。男性中心の社会においては、当然の結果である。しかし、聖書には、重要な役割を担った女性たちの説話が、綿々と登場する。いうまでもなく、その分量の比重からすると微々たるものであるが、よく見ると、聖書の表面に現れている比重よりも、遥かに重要な役割を果たした女性たちを見出すことができる。

おそらく、最もたやすく思い浮かべることができる場合としては、イエス周辺の女性たちであろう。彼女たちに関する聖書の記録は十分ではない。男性弟子の説話には遥かに及ばない。しかし、彼女たちの役割が、男性弟子たちの役割より遥かに重要であっただろうということは、到る所で示唆されている。例えば、イエスが十字架上に処刑される現場と復活の現場において、女性たちの役割は顕著である。男性弟子たちが皆逃げてしまった状況において、最後までその場を守ったのは女性たちであった。それで、最初に復活を目撃した人たちも、まさに女性たちであった。聖書記者は、その事実を、隠そうにも隠しようがなかったゆえに、そのように記録したのである。しかし、彼女たちの全般的な役割に関して記録するのには、けちくさかった。聖書記者自身が男性であり、男性中心の視線から脱しえなかった、時代的制約の結果である。それだけでなく、文脈上大して必要でない題目のところでも、否定的な視線の痕跡を残して置いた。〈罪深い女〉であるとか（ルカ福音七：三七）、〈七つの悪霊を追い出していただいたマグダラの女と呼ばれるマリア〉であるとか（ルカ福音八：二）という場合がそうである。

ミリアムは、そのような意味において、聖書に登場する全ての女性たちの典型である。名からしてそうである。聖書に登場する数多くの女性たちの名である〈マリア〉は、ヘブライ語では〈ミリアム〉である。そのミリアムは、〈偉大なる女性〉であり、〈危険な女性〉である。偉大なる女性としての役割は、否認しようにも否認しえない実際の彼女の役割を物語る。反面、危険な女性としての役割は、相当部分、否ほとんど全的に、その偉大なる女性に対する男性たちの視線を反映している。

偉大なる救済者

イスラエル民族が、紅海を渡った事件は、出エジプトの旅程において、最も劇的な事件のうちの一つである。水深二キロメートルにもなる断崖絶壁でできている紅海を渡ることが、果たして可能であったかと疑問を呈する人々もいる。しかし、聖書の真実は、文字による陳述自体にあるのではない。紅海を渡った事件は、そのように不可能に見えたことが、神を信じ従う民に起こったという事実を語っているのである。ファラオの軍に追跡されながら脱出することは、到底不可能であろうと思うのが常識であるのに、今やイスラエルの民が、その軍隊を退けて脱出したという、感激的な事実を伝えるのである。まさにその感激的な事件を経験して、指導者モーセは歌うのである。神を讃美し感激するのである。この事件を伝える聖書の本文は、すぐに続けて、ミリアムが歌う場面を伝えている。順序から見ても、内容の比重から見ても、モーセの歌に比べると劣る。

しかし、その突出した指導者モーセがいるにもかかわらず、ミリアムの存在が忘れられずに記憶されているということが重要である。おそらく、ミリアムが微々たる存在にすぎなかったならば、モーセが登場するその場面に、そのような形であれ登場するはずがない。ミリアムは、その場に偶然登場したのでは決してない。これは、出エジプトの旅程において、ミリアムの存在が占める比重を示しているのである。出エジプトの説話が、ほとんど全的にモーセを中心にして記録されているにもかかわらず、その劇的な事件の現場に、ミリアムが登場しているということは、実際に、指導者としてのミリアムの役割が、決してモーセに劣るものではなかったということを示唆している。ここから、ミリアムは、出エジプトの指導者モーセと共に、もう一人の救済者として登場するのである。

救済者としてのミリアムの役割は、すでに遥か以前から予告されていた。生まれたばかりのモーセが、死の危機に直面したとき、その命を助け出した三人の女性が登場する。彼女たちは、モーセの母と姉、モーセを養子にした、エジプトの王女である。ここにおいて、これら三人の女性たちの役割は、命を助ける、救済者としての役割である。その役割において優劣を決することはできないが、モーセの姉は、命を助ける女性の知恵を最もよく現している。この場面において、その姉の名は明示されていないが、その姉とミリアムは同一視されるのである。ミリアムは、殺されなければならない男の児モーセを生かすために、葦の籠に赤子を入れて川に流すのである。それを見つけたエジプトの王女が、その赤子を自身の養子にする。ミリアムの役割は、そこで終わらないのである。エジプトの王女に、乳母をさがして上げるといって、モーセの生みの親を乳母として紹介するのである。知恵をもって命を救った役割、それがミリアムの役割であった。命を救い養育する女性たちの役割に、ミリアムの役割はより一層光り輝くのであった。

姉ミリアムが存在しなかったならば、モーセのような指導者も存在しえなかったであろうという経緯と共に、出エジプトの過程で、最も劇的な仕事の現場にはっきりと登場しているミリアムは、その経緯が隠された背景として残っていただけではないということを、雄弁に示している。モーセの姉ミリアムは、出エジプトの過程において、実質的に指導者の役割をなしたのである。おそらくその役割は、聖書において度々登場する、神託を受けている女性祭司のような役割であったろう。ともあれ、女性ミリアムは、モーセと共に際立った指導者であり、救済者としての女性の役割を遺憾なく示した指導者であった。母性的存在として、閨房において密かに養育の役割だけを果たしたのではなく、男性と異なるところなく、公的な存在として指導者の役割をなしたのである。

危険な妨害者

しかし、その次に登場するミリアムは、危険な人物として出て来る。姿を見せなかったミリアムは、モーセの妻を巡って葛藤する場面において再び現れる（民数記一二章）。ここでミリアムは、モーセがミディアンの女性を妻として迎えることを巡って、異邦人女性を妻として迎え入れたとして誹謗した。そのため、ミリアムは呪われて、それ以上公的な席に姿を現すことはできない。モーセの兄アロンの仲裁で、ハンセン《ムンドゥン》病の呪いから回復はしたが、これで、救済者としてのミリアムの役割は終わり、ミリアムは危険な人物に変わってしまう。偉大なる女性ミリアムは、今や危険な女性ミリアムに、すなわち禁忌の人物に変わるのである。そのうえ、民数記二〇章一節に至って、いきなりミリアムの死が言及されるのであるが、このことは、禁忌の人物としてのミリアムのイメージを一層強化するのである。カデシュ荒野で、民衆は飲むべき水がないといって、指導者であるモーセとアロンを誹謗する。そしてその事件の終わりには、アロンの死が言及される。民衆の不信事件とアロンの死の事件の冒頭に、消えていたミリアムが登場したのである。ここでは、ミリアムの存在は、〈不信〉と〈死〉のイメージになってしまっている。

しかし、モーセとの葛藤の真相は何であったのだろうか。聖書が伝える表面上の説話とは異なって、この葛藤事件は、むしろ救済者としてのミリアムの役割を、より明確に確認できる契機である。葛藤の表面上の理由は、女性問題のためであると伝えられている。しかし、その題目において、ミリアムはアロンと共に、モーセの排他的な指導力に、異議を提しているのである。「主はどうしてモーセを通してのみ語られたのか。我々を通しても語られるのではなかったのか」という。ミリアムとアロンは、モーセに対し異議を提する共同の主役として登場している。表面上は女性問題のためであるとなっているが、その事件は、モーセの指導力自体を問題視した事件であった。出エジプトの全ての功過をモーセに帰している伝承の立場から見ると、アロンとミリアムの異議提起は、不敬でもありえよう。しかし、救済者としてのミリアムのイメージを伝える伝承を深く推察してみると、ミリアムが、ある瞬間突然〈異端者〉、〈背信者〉に突然変わったとは見難い。ミリアムは、依然として共同の主役として、モーセの指導力の欠陥を克服しようとする、共同指導力の重要な軸であった。

それにもかかわらず、一瞬にしてミリアムが禁忌の人物に転落したのは、男性中心的な視点に従った伝承の結果である。この点は、ミリアムと共に異議を提したアロンは呪われず、かえってモーセとミリアムの間で仲裁者の役割をしているという点を通しても、確認することができる。中間に何らの解明もなく、アロンはぱっとしない仲裁者として登場している。これには、全ての事件の発端が〈軽はずみな女〉のために起こったのだという、男性中心の視点が根底にある。

雌鶏が歌えば家滅ぶ？

雌鶏が歌えば家が滅ぶのであろうか。妻の実家と厠は、依然遠くでなければならないのであろうか。財テクには、男性より女性が遥かに優れた才覚を見せているにもかかわらず、厠が奥の間にくっついていれば便利であり、妻の実家が近くにあれば、育児に大いに助かる今日の現実においても、そのような昔の俗説は、依然真実であるのだろうか。相変わらず、女性の星回り《パルジャ》が強いといけないのであろうか。これを逆に、活動的な女性像であると解釈できないのであろうか。今日われわれは、男性中心の視点から脱して、女性を男性と同等の存在として見ることができなければならない。

しかし、残念ながら、活動的な女性たちを不穏視する視点は、依然大きく変わってはいない。今日女性に対する視角は大きく変わったけれども、依然男性はいうまでもなく女性自らも、女性を卑下する視角を捨て切ることができないのである。それで、女性に対する男性中心的視点を乗り超えることは、男性の課題であると同時に、女性自身の課題でもある。

男女を同等の存在として認識することは、人間に与えられた恵みを、真に善用する道である。どちらか一方の正当性を強調することが、必然的に他の一方の不当性をいいうるものではない。男性の権利を擁護することが、女性の権利を侵害するものであってはならない。女性たちが、こと新しく自身の権利を主張することもまた、男性の権利を侵害するものではないのである。男性が享受してきた〈特権〉を放棄せよという要求ではありえよう。しかし、それが、人間としての権利を放棄せよという要求ではないのである。

バリアフリーの扉を作ること、階段の代わりにエレベーターを作ることは、体の不自由な人にだけ便利なのではない。忘れられていた彼らの視角に従って、環境の条件を改善することは、いわゆる非障害者にも、より一層便利な条件を作ってくれるのである。無視されていた女性の置かれていた状況と視角を尊重することもまた、同様の結果をもたらすのである。われわれが、忘れられた存在であった一人の女性ミリアムを、再び歴史の前面に浮かび上がらせた理由は、ここにある。

三、日常を支配する女性の力

デボラ（士師記四章一節〜五章二五節）

女性の指導力の可能性

申師任堂《シンサイムダン》（一五〇四〜一五五一年、女流文人、書画家）、と黄真伊《ホアンジンイ》（朝鮮王朝一一代中宗《ジュンジョン》〜一四代宣祖《ソンジョ》時代の有名な妓生《キセン》）、彼女たちは、儒教的家父長制の秩序が確固としていた朝鮮王朝時代に、目覚ましい生き方をした女性たちである。彼女たちは、ともすると、伝統社会の価値観において大別される、二つの女性像を代表している。一人は、全ての女性が見習うべき良妻賢母の見本として、もう一人は、伝統的な規範から脱して、敢えて近づき難い異端的な女性として、記憶されている。

極めて対照的な女性像であるにもかかわらず、これら二人は、ある側面において、共通点を有している。いうまでもなく、優れた才能を持った女性であるという点においても、二人は共通しているのである。しかし、これら二人は結局男性中心の家父長制社会の限界内にあったという点においても、共通している。良妻賢母の見本という言葉自体が示唆しているように、申師任堂の役割は、徹底して、外部の公的役割とは断絶された、家庭のなかの主人としての役割であった。それほどの品性と才能を持った男性であったならば、公的な生活において、顕著な指導者の役割を十分に果たしたであろうが、彼女の役割は、家族という枠内に限定されていたのであった。反面、封建社会の桎梏《しっこく》から脱して、自由な生き方を謳歌しようとした黄真伊は、明らかに家族という社会の枠組みから脱していた。しかし、彼女が選びうる生活の形式は、ごく制限されていた。男性中心の家父長的体制が確固としていた当時の社会において、女性が家族社会の垣根を超えて、自由に生きうる道は、妓生になる道の他にはなかった。家族の垣根を超えても、公的な社会において、彼女がほかに担うべき役割はなかった。その点において、黄真伊も、男性中心の家父長制社会の限界内にあったのである。

それは、彼女たちの時代的限界のためであるといいえよう。そのいかなる卓越した個人も、時代的限界から脱することができなかったゆえに、そうするほかなかったとしよう。そうだとすれば、果して今日においてはどうであろうか。今日においても、本質的には大して変わらないようである。実際、女性たちの社会的地位は、巧妙に男性中心の秩序のなかで制約されている。無論かつての伝統時代に比べると、女性たちの社会的役割の比重は、目覚ましく高くなっている。しかし、依然として、公的な領域と日常的な領域の間に横たわっている男女の境界は、容易に消えてはいない。社会的に進出した女性たちの活動像を見ると、その境界が消えているように見えるが、そのような女性たちの場合でも、依然育児と家事の負担から抜け出ることができないでいる。男性が家事を専担し、女性が社会的職業を有している夫婦は、依然としてぎこちなく感じられている。韓国社会を襲った構造調整においても、夫婦が同時に就業している女性は、整理解雇の命令順位に該当している。男性の校長は、公的な任務を遂行中の女性教師に、コーヒーを一杯入れて欲しいと、気楽に命令することもできる。このような現象は、依然韓国社会が、男女の二分法的役割分担の原則が確固としている社会であることを反証している。

公的社会の領域と日常生活の領域間の二分法は、公的社会に従属している日常生活という観念を正当化する。換言すれば、公的社会における役割は重要で、日常生活における役割は副次的であるという観念を正当化する。そして、その観念を基準とする男女の分業は、男性の女性支配を正当化するのである。このような価値観が支配する限り、女性たちには、依然として二つの道しかない。良妻賢母になるか、異端者になるか。

しかし、そのような価値観が、依然として強固であるにもかかわらず、その境界を打破して、堂々と立っている女性たちがいる。公的な役割を十分に担っているだけでなく、日常の価値を決して疎《おろそ》かにしない女性たちである。大体においては、公的に顕著な役割を担っている男性は、家族や日常的な暮らしの領域においては、無能であることこのうえない。外では人権と民主主義のために献身していながら、家に帰ると、権威主義的家父長に突然変異する場合が多い。それに対し、公的な役割と日常の役割の間に乖離のない暮らしの姿を見せている女性たちがいる。そのような女性が指導者としている場合には、公的な関係の性格が変わるのである。フィンランドでは、女性政治家の比重が高まるにつれて、不正腐敗がなくなったという。女性たちが、饗応を好まないからである。それに伴って、興味をなくした男性たちが、次第に政治から離れ、それにつれて女性政治家の比重が次第に高まっているという。これは、日常において身についている奉仕と献身の態度が、公的な社会を支配する原理に変わった場合である。君臨と命令を権威と考える男性の指導力と違って、奉仕と献身を真の権威の根拠であると主張する、女性の指導力の可能性である。日常を支配するその力が、公的な領域において、堂々と光を発する場合があるといえよう。

聖書の士師たちのなかで、実際に最も顕著な役割を担ったデボラにおいて、われわれはそのような女性の指導力の真価を見出すことができる。

対案的社会秩序とデボラ

士師時代のイスラエルは、極めて独特の社会秩序を形成していた。その社会秩序は、当代の周辺諸国の秩序とは異なっていた。いわゆる〈初期イスラエル〉と呼ばれる士師時代のイスラエルの起源に関する意見は諸説紛紛しているが、その当時の社会相は、比較的明確である。カナン地域の山岳地帯を中心としているイスラエルは、平地の都市国家とは異なって、平等な体制を維持していた。それは、効率的な支配秩序とは異なる、自律的な平等社会であった。聖書は、この社会に不平等を起こすであろうと思われる素地を、徹底して排する原則を証言している。それだけでなく、カナンの山岳地域の初期のイスラエルの痕跡を現す考古学的な諸々の発見も、当時この地域に、外部から輸入された贅沢品や宝石のようなものが、ほとんどなかったということと、軍事的な防衛施設が存在しなかったということを示している。初期のイスラエル社会は、小さな村落を単位に、様々な家族が財産を公平に分かち合って、自給的な経済秩序を維持し、別途の常備軍はない社会であった。したがって、その社会は、物理力や生産力よりもその社会の構成員の自発的努力と、理念的純粋性に大きく依存していた。

しかし、強力な王権を形成した、カナンの都市国家の狭間で、イスラエルの存在は、時として不安でならなかった。相対的に結束力が弱い平等主義の社会体制は、常に動揺に陥りうる危険に直面していた。危機に直面する度に、平等主義の共同体は、暫定的に効率的な非常体制を要求するようになり、まさにその要求に応じて登場した人たちが、士師たちであった。しかし、士師たちは、権力を恒久的に独占することはなく、かえって既存権力との妥協を牽制する、独特の役割を果たした。

その士師たちのなかで、最も典型的な人物が、ギデオンである。このため、女性士師デボラは、極めて異例的な場合として受け容れられている。しかし、実際に物理的支配力を行使した体制に対抗する、平等主義共同体の守護者という点において、デボラは遥かに一層典型的な士師の姿をしている。大して長くない形で伝えられているデボラの説話は、士師時代の真の対決の焦点がどこにあるのか、自由民共同体が夢見る理想が何であるかを、明確に示している。

デボラは、イスラエルの民の日常事のなかで、紛争を解決する士師であった。また、デボラは預言者としても知られていたが、これは、聖書において、女性の典型として登場しているミリアムの役割を連想させる。デボラは、神的啓示の仲介者として、人々の指導者の役割をしていたのである。デボラは、カナンの都市国家の同盟勢力に対抗して、士師時代の最も広範囲の部族同盟を率いて、イスラエルを守り抜いた主人公であった。よく士師はイスラエル全域を領導したように考えられているが、実際、大体の士師たちは、極制限された一部地域のイスラエル部族を領導しただけである。しかし、デボラが率いた同盟は、四部族の参加拒否にもかかわらず、六部族が参加したものと伝えられていて、その領導範囲は最も広範な影響力を持った士師であるということができる。

日常を支配する女性の知恵

デボラに関する聖書の伝承は、士師としてのデボラの存在を明らかに言及しながらも、戦争を遂行する役割は、デボラが指名したバラクが遂行したものとして伝えられている。ほとんどの男性士師の場合、士師としての職責は、軍事的指導者としての職責が一致しているが、デボラの場合は違う。デボラは預言者として、また士師として、日常生活のなかで、人々の紛争を調整し裁判を担当した。ところが、カナンの王ヤビンの攻撃でイスラエルが危機に直面すると、デボラはバラクを軍の指揮官として任命する。デボラは、軍隊を指揮するハラクに同行して、戦闘を命ずるのである。この場合は、あたかもサムエルとサウルの関係を連想させる。最後の士師であり預言者のサムエルは、実際には、最高軍事指導者としてのサウルより、もっと高い権威を有していた。サムエルとサウルの関係、そして彼らの時代より遥かに前の、初期士師時代のデボラとバラクの関係は、士師の重要な役割が何であったかを、極めて明確に示している範例である。士師の役割は、実際には効率的で機能的な軍事指導者よりも、自律的共同体としてのイスラエルを、日常的に保護し守る指導者としての役割であった。したがってデボラの場合、その役割が分離されたのは、女性指導者として、デボラの役割が制限的であったということではなく、むしろ彼女が、士師固有の役割を遂行したことを物語っている。このような役割分担において、物理的支配力に対抗して、新しい対案の共同体を追求した、自由民共同体の理想が、むしろより明らかになる。将軍バラクが遂行した軍事的対抗は、危機に直面しているときには極めて効果的な措置であるが、日常の平和を持続させるための過程においては、制限的で付随的な意味を持つだけであった。

デボラの説話は、そのような対比を続けて見せている。デボラが任命した軍事指導者バラクが率いる軍隊は、タナクにおいて、カナンの都市国家同盟軍と大々的な戦闘を繰り広げる。しかし、最終的にその戦闘を勝利に導いたのは、軍事指導者バラクの功績ではなかった。それは、それこそ場末の人生にすぎなかった、異邦人女性ヤエルの功績であった。バラクの軍隊と戦っていたカナン人の将軍シセラは、兵をなくし、精根尽きてやっとミディアンの女性ヤエルの天幕に逃げてくる。ヤエルは、逃げてきたシセラを安心させた後、彼が眠りに落ちると、彼女は手を伸ばして杭を取り、職人の槌を右手に握って、シセラのこめかみを打ち抜いて殺した。女性の知恵の前に、男性の腕力は虚しく崩れる。そのうえ、この女性が敵将シセラを退けたのは、戦闘の武器である剣と槍ではない。日常の生活用具、すなわち労働の道具である杭と槌である。ギデオンの子アビメレクが権力をほしいままにしたとき、彼を死に至らせたのも、一人の女性が投げた挽き臼の欠片であった。やはり全く同じ生活用具である。このことは、象徴的に効率的な支配の道具は軍事力であると信じている、支配的な価値観を転倒させるのである。デボラの説話は、支配と征服を誇りにする男性的な腕力に対抗して、日常を営んでいる女性の力と女性の知恵を、終始一貫雄弁に物語っている。

戦闘で勝利を収めると、デボラとバラクは勝利の歌を歌う（士師記五章）。聖書は、これをデボラとバラクの歌であると伝えているが、実際はデボラの歌であった。デボラが、自らを一人称で歌っているからである。彼女は、「わたしデボラはついに立ち上がった。イスラエルの母なるわたしは、ついに立ち上がった」と歌っている。まさに、そのデボラの歌は、男子の腕力と女性の知恵を続けて対比している。合わせて、男性的な力に依存した女性の運命を嘲笑うのである。歌の後の部分は、不運なカナンの将軍シセラの母と侍女たちの嘆きで飾られている。「どうして彼の車は遅れているのか。どうして馬のひづめの音は遅いのか。……戦利品を得て、分けているのでしょう、兵士それぞれに一人か二人の女を。シセラには、染めた布が戦利品、染めた布が戦利品、刺しゅうした布、染めた布、その首には刺しゅうした布二枚、これが戦利品」。そのように期待している母のもとに、息子は帰ることができない。戦勝した息子の略奪物に対する期待は水泡となり、そのように子の運命に依存した母の運命も朽ち果てるほかない。男性的支配秩序を覆しているデボラの説話は、その支配秩序に依存した女性の運命までも、そのように嘲笑うのである。

弱い女性、強い母

女性は弱いが母は強いといわれる。この言葉が決して万古不易の真理であるはずはない。しかし、われわれが今日一般的に経験している女性像を語っているという点で、一抹の真理はある。〈弱い女性〉とは、男性に依存している女性をいう。三従之道といったではないか。結婚前には父親に従い、結婚してからは夫に従い、年老いてからは子に従わなければならないというのが、伝統的な女性観である。今日、この価値を金科玉条として考える女性はいないであろうが、われわれが生きている社会は、相も変わらず、その価値をそれとなく美徳と思っている。依然男性的支配体制のなかに、女性たちは縛られているのである。「弱い女性」とは、依然としてその秩序のなかから抜け切れない女性をいう。反面「強い母」とは、依存的存在とは対比される、主体的存在としての女性をいう。男性中心の強力な家父長制の社会のなかでは、母親像も歪曲されるのが普通である。母親が、公的な領域とは徹底して遮断された、家のなかの垣根のうちに閉じ込められた母性を意味するとすれば、その母親は、主体的存在としての女性を意味することはできない。〈強い母親〉は、子供たちを育みながら運命を拓り開いていく女性像を意味する。

しかし、その〈強さ〉は、男性的腕力のようなものではなく、繊細なる女性の強さである。それは、父親の権威とは異なる、母の慈愛である。そのような女性の力を示している典型が、まさにデボラである。デボラを称して、〈イスラエルの母〉といった。世の全ての母は皆偉大であるが、イスラエルの母デボラが、より一層偉大に際立って見える理由がある。デボラは、日常を世話する女性の自愛が、私的な領域において影響力を発揮した典型であるからである。男性的支配秩序に従属した女性の指導力ではなく、男性的支配秩序を変える女性の指導力であるという点においで、デボラは輝かしい女性だったのである。

数年前に他界した曺亜羅《ジョアラ》先生を、人々は〈光州の母《ゴアンジュ》〉という。彼女のことを知っている人たちは、誰もがそう呼ぶことにためらわず、多くの人々が、その名前を彼女に相応しい名前として憶えている。その名前で、〈光州〉は彼女が単に光州にすんでいたからつけたのではない。その光州は、〈一九八〇年の光州〉、すなわち〈韓国の民主主義〉を意味する。したがって、〈光州の母〉という呼称は、民主主義のために先頭に立った女性指導者を意味する。しかし、民主主義のために身を献げた彼女は、単なる闘士ではなかった。彼女は母として、いつも困っている人々を先ず世話した。二〇〇三年九二歳で他界するまで、日帝統治下と独裁政権下で何回も獄苦をなめた彼女は、いつも疎外された女性と子供たちを世話するのに全ての真心を傾けた。六・二五戦争〈朝鮮戦争〉のときには戦争孤児の世話をする先頭に立ち、一九八〇年の光州抗争のときには、自らも獄苦をなめ、体が不自由ななかにも、負傷者と死亡者の処理に努めた。また、獄中の人々を訪ねて慰めることも怠らなかった。彼女が発揮した母性は、男性中心の家父長制社会のなかで、閉鎖された家族の垣根を越えることであった。それだからこそ、彼女を称して〈光州の母〉というのである。

その強い母の母性が、家族のなかにおいてだけでなく、その垣根を越えて公認されるとき、われわれが生きる世の姿は、どれほど変わるようになるであろうか。

四、美しき因縁

ルツとナオミ（ルツ記）

歌手仁順《インスン》の悲しみ

いつのことだったか、歌手仁順がテレビに出て、自身の生い立ちを語ったことがあった。多分、結婚して子供が生まれて間もない時点であったろう。彼女は、いわゆる〈混血人〉として生きてくるなかでなめた、様々な痛みをぶちまけた。幼いとき、学校で〈単一民族五千年の悠久の歴史〉という言葉を聞くと、自分は純粋なる民族の血統を汚している罪人と思えて、ねずみの穴でも探したいと思ったという。自分が子供を生むと、全く同じ運命に直面するであろうことが怖くて、結婚など考えられなかったという。しかし、自分を愛してくれる人に出会って、結婚をした。ところが、また心配であった。子供がどのような姿で生まれるか、怖かったからであった。幸運にも、子供は縮れ髪ではなく、皮膚の色や顔立ちも、普通の韓国人に似ていて、どんなに安堵したか分らないと告白した。

仁順の痛みのある話は、韓国の社会がいかに純粋血統主義に捕らわれ、閉ざされた社会であるかを、今更のように考えさせる。〈単一民族五千年の歴史〉とは、実際には虚構のイデオロギーであるにもかかわらず、人々はそのように信じているのである。世界の様々な民族のなかで、韓国民族が、比較的長い間同一の地域に暮らして、主体性を形成してきたことは事実である。しかし、実際そのように暮らしてきた歴史は、高麗《ゴリョ》時代以後、大体千年だけである。それ以前には、北方のモンゴル系統が中心になってはいたが、そのなかでも、血統上多様な流れが混ざっていた。千年の歴史のなかでも、半分の時期を占める高麗は、極めて開放的な国家として、いろいろな民族と活発に交流した。そのように見ると、半島内で、相対的に閉鎖的な民族集団を形成して生きてきた歴史は、五百年にすぎない。そのどのような民族の歴史もそのようであろうが、韓国《ウリ》民族の歴史も、様々な民族との交流のなかで存続してきた。そしてそのなかで多くの多様性を体験し、また自らも具現したのである。それにもかかわらず、単一民族の歴史を強調するのは、かつての歴史における多様性と、今日の現実における多様性を、敢えて否定する態度に帰結するほかない。

異質的な差異を認定できずに、純粋と非純粋を分ける社会は、息が詰まる社会である。純粋な主体性に自身を同一化しうる人々には安楽で自由であるかも知れないが、そのいかなる理由であれ、純粋の序列に入れない人々にとっては、息の詰まる現実であるにすぎない。地球上で、イスラム教が根を下ろすことのできない唯一の国が、韓国であるともいわれる。それだけ、韓国社会が閉鎖的であるということである。それは、民族的・国家的次元において現れる現象だけではない。韓国社会のあちらこちらで、〈同士同士《キリキリ》〉の文化が深く定着しているのである。郷友会《ヒャンウホエ》〔県人会〕や同門会《ドンムン》〔同窓会〕が、韓国社会ほど盛んなところがまたあるだろうか。最近ではそういうことはないであろうが、一時は、交通違反になったとき、違反点数を免れる最も有力な方法が、「同じ家族同士大目に見ろよ」というものであったらしい。〈バック《ペク》（背後の力）〉がよければ全てがうまくいく社会、情実関係で縺《もつ》れた社会の姿は、〈同士同士〉の文化、同一性の文化の実態である。

歌手仁順の悲しい事情は、混血人個人の問題であるということにとどまらない。仁順は歌手として、いわゆる成功したゆえに、満天下にその経緯を吐露する機会でも享受できた。しかし、その他の多くの混血人たち、でなければ、また他の経緯で、そのある種の純粋な集団に加わることのできない多くの人々の悲痛な事情は、またどれほど多いことであろう。債務に苦しんでいて、〈この世にお前たちを委ねることなどできない〉という遺書を残して、三人の子供と一家心中した一人の母親の悲劇は、果たして誰の所為《せい》だろうか。

よく美しい孝婦《ヒョブ》の説話としてのみ記憶されているルツの説話は、その純粋血統主義に対する、深刻な異議を提起している。

刺のある美しい説話

嫁ルツと姑ナオミを主人公とするルツ記は、イスラエルの人々には、最も美しい説話の一つとして憶えられている。この書は、五巻のうちの一つで、イスラエルの七七節《チルチル》（麦秋節）の度に読まれた。五巻とは、イスラエルの特別な祝日ごとに読まれる書で、ルツ記と共に雅歌、哀歌、コヘレトの言葉、エステル記をいう。特に小麦と麦を収穫する季節にルツ記が読まれた理由は、おそらく落穂拾いをする女性のイメージのためであったろう。ともあれ、民族の重要な祝日の度に読まれたということは、それだけ愛された書であることを物語る。イスラエルの人たちだけであろうか。嫁と姑間の関係を考えるとき、和睦よりは葛藤を思い浮かばせる今日のわれわれにとっても、仲睦まじい嫁姑の経緯を伝えるこの説話は、美しい説話として読まれている。

ルツの説話は、士師時代を背景にしている、一家族の説話である。士師の時代は、危機と緊張に満ちた時代であった。ところが、ルツの説話では、そのような緊張をみることはできない。たとい飢饉と悲劇的な家族状況から出発しているとはいえ、説話の結末は美しい。やさしい主人公の心遣いはいうまでもなく、彼女をとりまく全ての人々の心遣いもまた、善意に満ちている。ルツの説話は、遥か後日になって、その過去の一時期を振り返って、美しかったその頃を恋しく思うように記録した牧歌的な作品である。実際に、ルツの説話は、説話の背景になっている時代よりも、七世紀が経過して以後に書かれた。ユダヤ人たちが、バビロン捕囚から帰った後の、紀元前五世紀頃の作品なのである。やはり、緊張の連続であったその頃、楽しかった頃の一時期をなつかしく思うように繰り広げられたルツの説話は、それ自体としては、いかなる葛藤や嫌な思いを呼び起こすことはない。よく常識的に考える美しい説話として、全く遜色がない。その説話のなかでは、主人公が常識に反する場面すらも、嫌なことであるというよりは、美しいことに該当する。

しかし、ルツの説話は、何の異議もない、気楽な説話としてだけでは受け容れることのできない意図を持った作品である。バビロン捕囚から帰って、新しく民族共同体を回復しなければならない課題の前に置かれた時代状況において、その説話が書かれたこと自体が、強力な意図性を帯びている。この説話の一つの焦点は、主人公である異邦の女性ルツが、イスラエル民族の正統性の頂点である、ダビデの祖先になったというところにある。それはまさに、その時期の民族主義に対する批判的な教訓を意図したものである。捕囚期以後、イスラエルを再建していたエズラとネヘミヤは、強力な民族主義的政策を展開した。その政策で、イスラエルが再建され、社会的に安定するという効果を収めたことは確かであった。しかし、その強力な民族主義的政策のために、社会は硬直し、その社会のなかで、息を殺して生きなければならない人々も多かった。そのような状況において、聖祖ダビデの血統が、異邦人の女性から始められるという説話は、閉鎖的な民族主義に対する、批判的教訓の意味を、強く帯びるほかなかった。その点において、ルツの説話は、同じ頃の作品であるヨナ書とは脈絡を共にしている。それで、ルツの説話は、美しくはあるが刺のある説話というわけである。

自身の運命の主人公としてのルツとナオミ

落穂拾いの女性のイメージと共に、専ら牧歌的な雰囲気を醸し出している美しいこの説話は、こう始まる。士師時代に飢饉のため、ベツレヘム出身の一つの家族が、モアブの地に臨時移住した。その家族はエリメレクとナオミ、そして二人の息子であった。異邦の地であるモアブにおいてエリメレクは世を去り、その二人の息子はモアブの女性と結婚した。しかし不幸にも、二人の息子は死に、二人の嫁ルッとオルパ、姑のナオミだけが残るようになった。そのように、三人のやもめたちが苦しい生活をしていることころへ、故郷の地が豊作になったという便りが聞こえてきた。彼女たちは、ユダヤのベツレヘムに出発する準備をして出かけた。ナオミは二人の嫁に、自分たちの故郷に帰るよう勧めた。オルパは自分の故郷に帰ったが、ルツは頑なにナオミに従った。姑ナオミに従ってベツレヘムにいったルツは、説話の主人公として登場する。

ベツレヘムで、ルツはナオミの富裕な親戚ボアズに出会う。ボアズは、異邦の女性であるにもかかわらず、姑を大切にしているルツを可愛いと思い、自分の畑で落穂拾いをさせるなど心細かに配慮した。賢明な姑ナオミは、ボアズを通じて、断絶している夫の家系を復元する計画を立てた。それで、イスラエルの伝統的規範に従って、ボアズがルツに結婚を申し出るほかないようにし、その志は遂げられた。こうして、ルツは堂々とイスラエルの共同体に編入されて息子を生み、断絶していた家系を繋ぐ役割まで果たした。こうして、ルツはイスラエルの人々の間で、最も愛される女性として記憶されたのである。

この物語が、美しい物語として記憶されているのは、人々が守っていた規範に逆らわないで、幸福な結末に至っているという事実とかなりの部分関連している。人々が守っていた規範とは、いうまでもなく家父長制の規範であった。結論的にいえば、人々は、男性を中心とする社会において、家系を繋ぐのに主導的な役割をした二人の女性に関する説話として、この説話を憶えているのである。ところが、この説話には、その規範と関連して、主人公たちの役割を決定づける重要な契機として、二つの慣習が出てくるのである。

その最初が、媤兄弟結婚法である。この媤兄弟結婚法は、韓国の高句麗《ゴクリョ》時代の兄死取嫂制《ヒョンサチュイスジェ》のようなもので、一人の兄弟が死ぬと、その夫人が他の兄弟と結婚する習慣である。その習慣は、やもめとなった女性を保護する装置であり、男性中心の血統である家系を繋ぐ方法であった。しかし、ルツはこの規範に拘《こだわ》らなければならない立場ではなかった。家系を繋ぎうるいかなる男性も存在していない状況だったからである。このような場合、女性は本来の故郷に帰って、結婚することが許された。姑ナオミが嫁たちに実家に帰るよう勧めたのは、このような事情に留意したものであった。しかし、ルツは、繋ぐべき家系がすでに消えている状況であるにもかかわらず、姑に従うのである。ここで、ルツは媤兄弟結婚法の義務を守らなくてもよい慣習に、逆らったわけである。そのように慣習に逆らったが、結果的に以前の家系を復元した彼女のゆえに、その反転は、美しい説話の主人公としての彼女の印象を、よりよくしてくれるのである。

しかし、この契機は、他方においては、強い印象を与えるものでもある。たとい主人公たちが、男性中心の家父長制社会のなかにおり、その枠内において彼女たちの役割が記憶されているとはいえ、ルツとナオミは、自ら生活を拓り開いていく強靭な女性像と、共に行動する女性の連帯的な生活の姿を示している。もしもルツが実家に帰って結婚したとするならば、当然この説話は美しい説話として記憶されることはなかったであろう。またルツ自身も、また他の男性に自身を委ねる、宿命的な女性像に終ってしまっていたであろう。

自分たちの生活を拓り開いていくこの女性たちに、報奨の機会が与えられる。この説話が美しい説話として記憶されえた、もう一つの反転の機会が与えられるのであるが、そこに登場するのが〈ゴエル（Goel）〉〔最も近い親戚が困っている者を救う義務と権利を規定した古代イスラエルの制度のこと。貧しくて土地を売った場合、その土地を取り戻してやり、負債のために下僕になった場合は身代金を払って自由人にしてやり、息子がいない場合は未亡人と結婚して代を継がせ、人が死んだとき仇を打ってやることを含む。〕法である。〈買い戻す、取り戻す、救済する、身代わりになる〉という意味を持つ言葉から派生したゴエル法は、失われていた土地を取り戻すようにする法である。ルツの夫の家のエリメレク家の親戚ボアズは、エリメレクの畑を買い戻して、その遺産を保存すべき責任を担った、家門の一人であった。ルツは結局彼と結婚して息子を生み、その息子はエリメレクの家門を継承する息子として受け容れられる。このように、ルツは断絶した血統を繋ぎ、その遺産を保存するのである。

このことは、夫もなく土地もない、完全に周辺化された女性たちが、再び中心に進入することを意味している。これはあたかも、イエスが病人を治癒して、「帰って行きなさい」という復帰命令を下した状況を思い起こさせる。イエスは、自分の物を享受している人々に対しては、その全てのものを捨てて、「わたしに従いなさい」といったのに対し、何も享受できない人々には、「帰って行きなさい」といった。いわゆる正常な社会において、正当に人間扱いされなかった人々にとって、解放は、人間として堂々と認められることを意味したからである。断たれた家系を復元することによって、二人の女性は、共同体の中心に立つことができるようになっただけでなく、その共同体に欠如した部分を満たす役割まで果たしたのである。より注目すべきことは、周辺部の女性たちが中心に進入したこの機会は、男性の施しではなく、女性自らの主導的役割によって整えられたという点である。ルツが息子をえたとき、その子は、ボアズの子でもなければ、ルツの夫マフロンの子でも、またはその父エリメレクの子でもない、〈ナオミの息子〉と呼ばれたということは、その全ての過程の主導権が、女性たちにあったことを物語っている。後代の聖書の伝承は、また異なった方法で、女性の役割を記憶している。マタイ福音書に登場するイエスの系図には、異例的に三人の女性たちが登場するのであるが、彼女たちはユダの嫁タマル、出エジプトのとき、エリコでイスラエルを助けた娼婦のラハブ、そしてルツである。

したがって、ルツの説話は、〈男性中心の家系を復元した〉、美しい女性たちの説話であるだけでなく、〈自分たちの生き方を自ら拓り開いていった〉、美しい女性たちの説話としても記憶されなければならないであろう。

出身の何が問題だというのか

そのように記憶されていることだけでも、ルツとナオミの説話は、十分意味を与えてくれている。しかし、この説話の真の反転は、説話の外にある。言い換えると、表面に現れている説話ではなく、隠された意図にあるのである。堂々と自らの運命の主人公として進み出て生を拓り開き、その結果、イスラエル共同体のなかに、失われていた一つの家系を復元した主人公が、まさに異邦の女性であるという事実を、この説話は何憚ることなく明らかにしている。その女性が復元した系図から、イスラエルの聖祖ダビデが生まれた。〈ナオミの子〉と呼ばれたルツの子はオベドであり、彼はエッサイの父、すなわちダビデの祖父であった。

この説話は、純粋血統主義に立脚した、民族主義的熱情に捉われていた人々に、果たしてどう受け止められたのであろうか。ダビデの一方の祖先がモアブの人であったという伝承があり、ダビデがサウルとの関係で危機に陥ったとき、モアブに難をさけたこともあった。おそらく純粋血統主義に立脚していた民族主義者たちは、その事実を憶えていたくなかったであろう。彼らは、実際にイスラエルの国父であり、民族的正当性の出発点としてのダビデを、純粋なイスラエル精神の表象としてのみ、信じたかったであろう。しかし、ルツの説話は、あたかも刺のように、その純粋な信仰に傷跡を残している。自分たちが、かくも絶対的に崇めている祖先が、実際は異邦の血が混ざった〈混血〉であったことを明らかにしているこの説話は、偏狭な血統主義と国粋主義に、一矢を報いているのである。

無論この説話は、その意図とは異なり、正反対に読みうる素地もある。「異邦の女性もそのように献身的であったのに、お前たちはどうだ」という意図で解釈されるとすれば、全く違う性格の説話になる。そのように解釈したい人も確かにいようが、説話の性格は明らかである。どうして、敢えて神聖不可侵なる対象である、聖祖ダビデの直系祖先と関連している事実をいい出したのであろうか。それはまさに、当代のイスラエルの価値観を覆そうとする意図のためであったろう。美しかった頃を回想するものとして構成されたこの説話は、彼らに一矢報いるには、最適であった。

果たして、今日イスラエルの人々に、ルツの説話はどのように受け容れられるであろうか。今日、イスラエルは、自分たちの定着村を保護するために、高い障壁を築き、パレスチナの人々を追い出している。その壁は、イスラエルの人々には保護壁になるかも知れないが、パレスチナの人々には、嘆きの壁になっている。今日においても変わることなく、ルツはその壁が崩壊することを願う、希望の表象である。

五、わたしが持っている全ての物で
エステル（エステル記）

救国の女性像

一国の最高権力の座にある男性の夫人、今日では、その主人公を令夫人という。王朝時代であれば王后か王妃であり、大帝国の型を整えている国であれば皇后と称される。封建王朝時代の王后と現代の令夫人を、同等な次元で直接比較することはしっくりしないが、最高権力者を輔弼する役割は、大して変わらないであろう。その補助者の役割は、大体最高権力者の蔭に遮られて、その名はあまり記憶されることがない。

無論、例外的な場合もある。政治的力学関係と、個人の資質が結びついて、公式的に重大な足跡を残した人が、時にはある。評価はどうであれ、韓国の歴史においては、旧韓末の明成皇后、すなわち閔妃〔朝鮮王朝二六代高宗の妃。一六歳のとき王妃となり、大院君の執政を退けて高宗の親政を実現させて、外戚の閔氏政権を実現。鎖国政策を廃し、一八七六年日本と外交関係を結び、大院君と激しい政争を展開。後に清を引き入れて開化党を圧迫、親露政策を遂行したが、乙未事変のとき、日本の官憲に殺される。一八五一〜一八九五年〕がそのような場合に該当するであろう。アメリカの元大統領クリントンの夫人ヒラリーは、令夫人よりは、上院議員として認められたいと思ったし、将来は大統領に出馬する意思があるものと思われている。おそらく、長い時間が経過すれば、そのような場合は、珍しくないこととして思われるであろう。しかし、これまで、そして伝統時代のことを考えると、より一層、最高権力者の夫人が、自らの独自の役割として記憶される場合は稀である。

聖書の主人公エステルは、あまり憶えられていない王后たちのなかで、おそらく最も有名な人であろう（実際大帝国ペルシア皇帝の夫人であったのであるから〈皇后〉というのが当然であるが、聖書の翻訳上定着している、〈王后〉と称することにする）。教会で、女性信徒の名をつけるとき、最もよく愛用される名がエステルである。一つの教会で、様々な女性信徒会があると、最も若い信徒会はエステル会、その次はデボラ会、その次はマリア会というように、名称をつける。唯一の女性信徒会だけの場合は、断然エステル会が最もよく好んで選ばれる。キリスト教徒たちは、そのようにエステルを親しく憶えているのである。そのように代々記憶しているのであるから、世界で最も有名な王后というわけである。

そのようにして、その名に出遭うと思い浮かべるイメージは何であろうか。「死ななければならないのでしたら、死ぬ覚悟でおります」という悲壮な決意と共に、多分〈救国の女性像〉が浮ぶであろう。厳密にいえば、エステルは、独立した国家を救ったのではなく、民族を救った女性であったのであるから、〈民族を救った女性像〉というのがしっくりするであろう。しかし、国と民族を同一視しているわれわれにとっては、〈民族を救った女性像〉と〈救国の女性像〉は、何らの差異を覚えることなく、受け容れられるのである。ともあれ、エステルが記憶されているのは、王后という事実のためではなく、彼女が担った特別の役割、すなわち民族を救った役割のゆえである。国を奪われた経験を持つわれわれにとって、そのような〈救国の女性像〉は、疑うことなく崇敬することができた。しかし、エステルに関する記憶として、それだけで果たして十分であろうか。

心気を悪くするエステル書

その主人公エステルから浮かぶ救国の女性のイメージは鮮やかであるが、いざエステル書を読んでいると、複雑な心境に陥ってしまう。ルツ記同様、虚構的小説の形式を取っているエステル書は、ルツ記の美しく善意に満ちた雰囲気とはあまりにも対照的である。エステル書の雰囲気は残酷であり、その主人公たちも、一様に緊張のなかで目を瞬《まばた》かせている。

聖書において、〈神さま〉という言葉が、たったの一度も登場しない唯一の書であるエステル書は、正典（注2）の歴史においても、論難の対象になった。それで、おそらく最も遅れた時期に、正典として編入されたものと思われる。宗教改革者ルターは、初めから〈エステル書は、正典に入らない方がよかった書〉であると評価することまでした。

エステル書は、現代的な常識で見ると、より一層不穏な（?）書である。エステル書の基調を、今日いくつかの概念でいえば、おそらく男性主義、人種主義、民族主義として集約できるであろう。ルツ記と共に、女性の主人公の名を表題にしている、もう一つの書エステル書（カトリックの聖書には、このほかにもユディト記があるが）に、これはどうしたことであろうか。しかし、残念なことに、その基盤を除くと、説話の構造自体が成立しないのである。

この説話は、当初から極めて不穏な男性主義の横暴で始まっている。インドからエチオピアに到る大帝国ペルシアを治めたクセルクセス一世（紀元前四八六～四六五年）王は、帝国の威容を誇るために、おおよそ一八〇日もの間、盛大な酒宴を催す。酒宴七日目のこと。ぶどう酒で上機嫌になった王は、王妃ワシュティの美貌を、大臣と民に誇りたいと思い、召し出そうとした。どういうわけか、ワシュティ王妃は、その王の命令を拒む。王は大いに機嫌を損ね、怒りに燃えて、経験を積んだ賢人たちに、王妃の処理問題を諮った。結論は、ワシュティ王妃の廃位であった。「ペルシアとメディアの高官夫人たちは、この王妃の事件を聞いて、王にお仕えするすべての高官に向かってそう申すにちがいありません。何とも侮辱的で腹立たしいことです。もしもお心に適いますなら、『ワシュティがクセルクセス王の前に出ることを禁ずる。王妃の位は、より優れた他の女に与える』との命令を王御自身お下しになり、これをペルシアとメディアの国法の中に書き込ませ、確定事項となさってはいかがでしょうか。お出しになった勅令がこの大国の津々浦々に聞こえますと、女たちは皆、身分のいかんにかかわらず夫を敬うようになりましょう」（エステル記一・一八～二〇）。これが、ワシュティ王妃廃位の経緯であった。残酷な男性主義の横暴は、これで終わらない。王の調書には、このような内容も含まれた。「すべての男子が自分の家の主人となり、自分の母国語で話せるようにとの計らいからであった」。まさにこのような男性主義の横暴でもたらされたワシュティ王妃廃位の事件が、主人公エステルが登場するようになる背景である。

エステルの登場過程もまた、男性主義的規律で一貫している。王妃候補として選抜されたユダヤ人出身のエステルは、王宮に勤めている従兄《いとこ》モルデカイの言葉に従って、自身がユダヤ人であることを明かさなかった。王妃候補として、エステルは、定められた王宮内の規律に従って、一二か月もの間、美容の期間をすごす。順番を迎えて王の前に出るとき、やはり王室美容法に従って、簡単に身を整えたエステルは、もともと美しかったので王の目にとまり、ついに王妃になった。この過程で、エステルは定められた法度に従って、自分の美貌を整えることのほかには、いかなる積極的な役割もしなかった。これには、男性の視線に捉えられたエステルが存在しているだけである。

とにかく、そのように従妹《いとこ》を王妃にするのに成功したモルデカイは、錦上花《きんじょうか》を添えるがごとく、王に大きな功を立てる機会をえる。反乱の陰謀を感知したモルデカイが、これをエステルに知らせ、エステルが、この事実を王に知らせることによって、王の命を救う功を立てたのである。彼女が王の信任をえるようになったのはいうまでもない。

そのように、辺境の少数民族ユダヤ人出身モルデカイとエステルが、ペルシア王宮で確固たる地位を固めているところへ、彼らに危機が訪れる。クセルクセス王の最高位大臣ハマンは、他の王宮役人たちと異なり、平素自分に敬意を表さないモルデカイに腹を立てていた。ハマンは、モルデカイがユダヤ出身であることを知らされて、モルデカイとクセルクセス王の国中にいるユダヤ人を皆殺しにする計画を立てる。ハマンはクセルクセス王にいった。「お国のどの州にも、一つの独特な民族がおります。諸民族の間に分散して住み、彼らはどの民族のものとも異なる独自の法律を有し、王の法律には従いません。そのままにしておくわけにはまいりません。もし御意にかないますなら、彼らの根絶を旨とする勅書を作りましょう」。帝国の秩序に反する民族がいるというのであるから、王は当然その要請を許した。もちろん、自身の王妃が、そのユダヤ人の出身であることを知らないままにである。その決定を下して約一年後、ユダヤ人は虐殺され、財産を強奪される運命に直面した。二〇世紀のナチの残酷極まりない虐殺を始め、今世紀の数々の〈人種浄化〉の陰謀は、このように遥か以前に予備（?）されたのである。

民族が消される危機に直面したとき初めて、エステルは自ら自身の行為を決定する主体として登場する。あたかも、これまで沈黙して男性主義的規律に自ら身を委せていたのは、この時に備えていたかのように。しかし、エステルは、依然として自身を取り巻いている制度と規範の世界を、抜け出すことができなかった。王に訴え出なければならないのに、自ら歩いていって訴える道は閉ざされていた。王が呼ばない限り、その誰も、甚だしきに至っては王妃といえども、王のもとに先にいって、言葉をかけることはできなかった。その法度を破った人は、誰であれ死刑に処された。その上エステルは、王の勅令により、虐殺に処されねばならないまさにそのユダヤ人であった。その事実が暴露されると、自身の運命でさえも、どうなるか分らなかった。まさにここで、エステルは悲愴な決断を下すのである。「死ななければならないのでしたら、死ぬ覚悟でおります」。この決断でなすべき行動さえも、エステルには自由ではなかった。その手順ですら、法度に従わなければならなかったのである。王の許しなく、王の庭に入ったとき笏《こつ》（しゃく）を差し出して受け容れてくれなければ、懇請の計画は水泡に帰し、自身も死を迎えるようになる。しかし、エステル王妃を愛している王は、幸運にもエステルを迎え入れてくれ、エステルは、王に言葉をかけうる機会をえるのである。

王に懇請して終わることではなかった。王の勅令はすなわち法であり、その法は容易に覆しうるものではなかった。したがって、実際にその法を無力化する方法が、講じられなければならなかった。先ず最初に、ユダヤ人虐殺の勅令を作らせたハマンから除かなければならなかった。エステルは、自身を深く愛している王の心を知っていたので、自分の命を助けて欲しいと訴えるのである。王妃の切なる訴えに王の心が動いたとき、王妃エステルは、王が下した勅令は、自分の民族を皆殺しにしようとする、ハマンの陰謀から始まったものであると告げる。王の命を助けたモルデカイを除こうとする動機からその陰謀が始まったことまで知るようになった王は、ハマンを処刑し、ユダヤ人が自分たちを防御しうる道を開くのである。すでに下された勅令を覆すことはできず、予定されていた日に、ユダヤ人に対する攻撃が始まれば、ユダヤ人もそれに立ち向かって、攻撃してくる人々を殺し、その財産を奪うことができるよう許したのである。

こうして、仇敵がユダヤ人たちを滅ぼそうとした日は、逆に、ユダヤ人たちが自分たちを憎んでいる人々を滅ぼす日に変わった。風前の灯の危機に直面した民族は、痛快な報復を敢行することによって蘇った。ハマンの家族が虐殺されたのはいうまでもなく、首都と地方のあちらこちらで、ユダヤ人の仇敵数万人が虐殺された。ユダヤ人たちは、その事件を記念するためにプリムの祭りを守るようになり、モルデカイは、クセルクセス王に次ぐ実権者になったことで、エステル書は結んでいる。

残酷な流血の報復を喜ぶユダヤ人たちの歓呼は、エステル書に込められた、男性主義と人種主義に加えて、民族主義でさえも、まさにそれらと同一の暴力の序列にあることを確認させてくれる。国を失い、民族が圧迫されたという経験を有しているゆえに、それでも民族主義をもう一つの対案として考えてきたわれわれの通念が、ここに至っては、ガタガタと崩れ落ちてしまう。それで、エステル書は、われわれの心を具合悪くするのである。

離散されたユダヤ人の苦難と希望

エステルの説話が、正典に入れうるかという論難が間断なく提起されたにもかかわらず、正典の列に昇って今日に至るまで伝えられているのは、実際、その民族主義的傾向のゆえであった。この説話は、特定の時代の通俗的な民族主義の傾向によく符合したゆえに、ユダヤの人々に愛読され、その結果、聖書に編入されたのである。

エステルの説話が記録されたのは、大体紀元前一三〇年頃に当たる。この時期は、この説話が背景として認定している時代より、三五〇年後で、ユダヤ民族が一時独立王国を培っていた時代であった。大帝国ペルシアが滅んだ後、近東の覇権は、アレクサンドロス大王帝国、ギリシアに移った。バビロニアに滅ぼされたユダヤ民族は、それ以上独立した国家の形態を整えられず、宗教制度と祭司を中心に、その伝統を維持しているだけであった。ユダヤ人たちは、ペルシア帝国の時代とキリシア帝国初期の時代の宗教的寛容政策のお蔭で、たとい完全な独立国家の形態ではないにしても、自分たちの主体性を守ることができた。しかし、アレクサンドロスの死後分割されたギリシア帝国の時代、そのなかで、セレウコス王朝がパレスチナを統治していた頃、ユダヤ人たちは、最も激しい迫害と侮辱をなめなければならなかった。その結果、逆にユダヤ人たちの間では、民族独立運動の熱気が高揚し、ついにマカビ革命の成功で、独立ハスモン王朝が成立するようになった。その時期は、他のどの時期よりも、ユダヤ人たちの間で民族主義の熱風が強烈であった。あちらこちらに離散して、苦難に遭うだけでなく、いつ滅ぼされるか分からない危機のなかで生きてきた彼らに、独立の王国が再び回復されたのであるから、その民族主義の熱風は想像するに十分であった。エステルの説話は、まさにその時代の産物なのである。

ところが、エステル書に登場している人物や説話は、エステル書以外には、どこにも見出すことができない。エステルという名のペルシア王妃もいないだけでなく、ハマンやモルデカイのような人物も、記録に残されていない。ユダヤ人虐殺事件の計画も、記録には存在していない。エステルの説話は、実際バビロニア神話の構造に従って、緻密に構成された、一種の小説に該当する。しかし、その説話と登場人物は、単なる架空であるわけではない。この説話は、国をなくし、離散して生きていたユダヤ人たちの強い危機意識を現して、形象化しているという点において、真実性を有している。主人公エステルと、彼女の民族が直面した状況は、ユダヤ人たちにとっては、日常化していた危機感を現している。背景として設定されたペルシア時代に、挙国的で挙族的な単一事件としてのユダヤ人虐殺事件は存在していないが、局地的な次元において、ユダヤ人たちは、常に危険に曝されていた。ついには、セレウコス王朝の激しい迫害まで受けるようになる。

今日イスラエルの人たちは、最後の大ローマ抗争の地マサダの城塞に登って、「二度と国を失う悲劇がなからんことを！〈Never Again!〉」と絶叫するという。そしてエルサレムには、〈永遠の記憶〉という意味のヤドバセムという名称のホロコースト記念館を建て、そこに数多くの人々が訪れて、ナチのユダヤ人大虐殺を記憶している。この記念館は、嘆きの壁に次ぐ、ユダヤ人たちが多数訪れる場所である。エステルの説話は、当代のマサダの城塞であり、嘆きの壁であり、ホロコースト記念館のようなものである。まさに、この痛みの記憶を回想するという意味において、エステルの説話は、二度と悲運をなめまいとする、ユダヤ人たちの希望の表徴でもある。

しかし、今日のマサダの城塞、嘆きの壁、ホロコースト記念館は、ユダヤ人たちの痛い傷跡を労《いた》わってくれている一方、ユダヤ人たちが、その地のもう一つの民族であるパレスチナの人々に加えられている、残酷な行為に対する盾になっている。エステルの説話は、その二重の刃のような属性を有している。それが、エステルの説話を、気楽に読むだけでは済ませない理由である。

自身が持てる全てのものをかけて決断しなければならない瞬間

一方、その主人公エステルの役割もまた、二重的である。エステルは、徹底して男性主義の法度に従って初めて、自身の存在と地位を保障されうる立場にあった。ワシュティ王妃の廃位の経緯から明らかになったように、王妃としてのエステルは、そのような運命にある、全ての女性の模範にならなければならなかった。実際エステルは、その模範としての役割を見事にやってのけている。危機に直面した民族を救おうとして立ち上がる時ですら、その枠から抜けられなかった。ともすると、その枠組みを守ること自体が、民族を救う賢明な方法であった。その地位に釣り合った処し方をしてこそ、民族を救うことができ、結果的にその法度に忠実であることによって、エステルは、危機に直面した民族を救い出しえたのである。その点において、エステルは徹底して、男性たちが作り上げた閨房に閉じ込められていながらも、民族の救済者としての役割を果たした、奇妙な運命の主人公であった。

エステルのこのような姿から、強固な男性主義と民族主義の共謀関係を読み取ることもできよう。無論、エステルが作り上げた共謀ではない。共謀があるとすれば、それはエステルを囲んだ勢力が作ったものである。全能の王クセルクセスの下に、ハマン、モルデカイの未必の公義性の共謀が、エステルの犠牲を強要したかも知れない。王はいかなる場合においても、愛を施すものであり、その下にある人々は、誰かは勝ち誰かは敗れる、勝敗の主人公にならなければならない。結果的に、モルデカイが勝利し、その勝利の栄光を、犠牲の主人公エステルと共に分かち合ったのである。

おそらく、男性主義という尺度だけをもって判断するとすれば、そのような結論だけで満足するかも知れない。しかし、もう一つの解釈の可能性は、民族主義にある。民族主義は、あたかも両刃の剣のようなものである。それは、抑圧の武器にもなり、解放の武器にもなるのである。男性主義の牙城に閉じ込められていた存在であったにもかかわらず、エステルの特別の役割に注目するのは、その両刃の剣の片一方の機能を、容易に看過できないからである。ある民族が、もう一つの他の民族を抑圧するとき、抑圧されている民族の立場から、民族の存立と主体性の維持は（たとい暫定的であっても、その瞬間だけは）、絶体絶命の運命的な課題になるのである。まさにその状況において、エステルは危機に直面したユダヤ民族の運命を背負った存在であったのである。

自身の身の処し方いかんに従って、民族の運命が決定される瞬間において、エステルは、自らの道を選択し、決断したのである。エステルは、決して女傑でもなければ、民族解放の闘士でもなかった。しかし、結果的に彼女の決断は、民族を危機から救ったのである。エステルの決断が偉大であったということは、その結果のためではない。「死ななければならないのでしたら、死ぬ覚悟でおります」と誓った、その悲壮さにある。その悲壮さは、その決断で全てのものを失うこともありうるというところからくる。自身の地位も、更には自らの命さえも失いえたのである。結局、エステルの選択は、自身が持てる全てのものを掛ける決断であった。その決断を躊躇していたならば、どうなったであろうか。ユダヤ民族の破滅は明らかであった。エステル自身は、民族の破滅と共に滅びることも、さもなければ、最後まで自身の地位保存にのみ恋々として、良心の呵責で、生涯を苦しみながら生きた、名もなき王妃として残りうるであろう。

エステルが、実在の人物であるかどうかは重要ではない。重要なことは、実は、当時数百年もの間、国なき民族として危機にあったユダヤ民族の状況が、そのような人物像を描いたというところにある。説話の主人公エステルは、単一事件の独歩的な主人公として描かれているが、危機に直面した民族の現実において、ありえたであろう数多《あまた》のエステルを見せてくれているのかも知れない。自ら多くのものを享受しているとすれば、どうすべきであろうか。エステルの説話は、その選択の決断を、殊更のように喚起している。

注1　媤兄弟結婚法：〈兄死取嫂制〉とも呼ばれる古代の慣習で、兄が死ぬと、弟が兄の妻と結婚する制度をいう。

注2　正典：ユダヤ教とキリスト教では、標準となる聖なる文書の範囲を確定しているが、その

範囲に入った文書を正典という。正典を採択した方法としては、キリスト教の旧約に該当する正典として、ヘブライ語でなった書三九巻だけを認めるパレスチナの伝統と、これにギリシア語でできた書一五巻を含めるアレクサンドリアの伝統があり、今日プロテスタントキリスト教はパレスチナの伝統を、カトリックはアレクサンドリアの伝統に従っている。

訳者あとがき

本書は、『裏返して読む聖書人物』という原著を、『旧約聖書の人物――「韓国」という時空間で読む――』と題して翻訳したものである。

数多くの旧約聖書に関する研究書その他がある日本で、敢えてこの書を日本に紹介するのは、韓国の状況のなかで、旧約聖書から教えを汲み取ろうとする姿勢に感動し、それを素直に日本の皆さんに伝え、喜びを分かち合いたいと思ったからである。

教会の講壇上からの説教としてではなく、人間のドロドロした姿を聖書のなかから読み取り顧みることは、本当に味わい深いものがあった。著者は、巻末の著者紹介に記した現職と経歴や業績をもつほか、韓国神学研究所の研究員および『神学思想』（季刊誌）編集長としても働き、韓国キリスト教長老会総会の教会と社会委員、韓国キリスト教教会協議会（ＮＣＣＫ）の信仰と職制委員、第三時代キリスト教研究所運営委員、季刊『進歩評論』の編集委員をされるなど、研究と幅広い活動をしておられる気鋭の牧師である。また、第三時代キリスト教研究所においては、他の仲間たちと共に、一九九一年の創立以来、進歩的神学の専門化、現場化、大衆化をモットーに、講座、シンポジウム、研究プロジェクト、著述などの活動を展開しておられる。

訳出にあたって著者には、日本キリスト教団福知山教会の李相勁牧師を通じていろいろと教えていただいた。お二人に心から感謝申し上げる次第である。

訳者として、日本の事情を知る者として、難しい出版事情であるにもかかわらず、敢えて本書を刊行して下さった、かんよう出版の松山献氏にも、心から感謝申し上げる次第である。

本書を通して、韓国人も日本人同様、悩める民族であることを理解していただければ、この上ない喜びである。

二〇一四年六月十日

金　忠　一

〈著者〉

崔亨黙（チェ・ヒョンムク）

1961年、海南（全南）生まれ。天安サルリム教会牧師。延世大学神学部卒業。韓神大学神学大学院博士課程（社会倫理専攻）修了。季刊『神学思想』編集長、季刊『進歩評論』編集委員、韓国キリスト教協議会（NCKK）の信仰と職制委員などを歴任。博士（Th.D）。学位論文は『韓国の経済開発と民主主義に対するキリスト教倫理的評価』。

主な著書として、『権力を志向する韓国のキリスト教 －内部からの対案－』（金忠一訳、新教出版社、2013年）が邦訳されているが、『無礼者たちのクリスマス －韓国キリスト教保守主義批判－』（共著、かんよう出版、2014年）のほかに、『見えざる手が見えないのは、その手がないから －民衆神学と政治経済－』など未邦訳著書や論文が多数ある。

〈訳者〉

金忠一（キム・チュンイル）

1939年大阪生まれ。同志社大学文学部（教育学専攻）卒業。1962年百頭学院建国高等学校教諭となり、1999年定年退職。

主な訳書として、『韓国の宗教とキリスト教』（柳東植著、洋々社、1975年）、『イエスに従おうとするなら』（朴圭著、共訳、新教出版社、1976年）、『解放者イエス』（安炳茂著、共訳、新教出版社、1977年）、『現存する神』（安炳茂著、新教出版社、1985年）、『韓国キリスト教会史　韓国民族教会形成の過程』（閔庚培著、新教出版社、1981年）、『民衆神学の探究』（徐南同著、新教出版社、1989年）、『無礼者たちのクリスマス －韓国キリスト教保守主義批判－』（崔亨黙他著、かんよう出版、2014年）『民衆神学を語る』『評伝―城門の外でイエスを語る―』『歴史と解釈』『ガリラヤのイエス』『民衆神学と聖書』（以上、安炳茂著作選集第1～4巻および別巻、かんよう出版、2016～2022年）など多数。

旧約聖書の人物　—「韓国」という時空間で読む —

2014 年 10 月 10 日　第 1 刷発行
2023 年　4 月 10 日　POD 版発行
著　者　崔亨黙
発行者　松山献
発行所　合同会社かんよう出版
〒 530-0012 大阪市北区芝田 2-8-11 共栄ビル 3 階
電話 06-6567-9539　FAX 06-7632-3039
http://kanyoushuppan.com　info@kanyoushuppan.com
制　作　有限会社オフィス泰
印　刷　各販売ストアによるオンデマンド印刷

ISBN 978-4-910004-19-8　C0016　Printed in Japan